人類史上最大の波動上昇が訪れた！

エネルギーを高める本

吉濱ツトム

徳間書店

地球は
高次元への波動上昇という道を選択し、
その動きはいっそう加速しつつあります。
しかし、この変化が私たちにもたらす影響は、
けっして手放しで
喜べるものではありません。

波動上昇中の地球には、
かつてないほど大量の
否定的なエネルギーが充満しています。
なぜなら１９８７年以降、
幽界と冥界が急速な勢いで縮小し、
消滅しつつあるからです。

地球が非物質化していくということは、
人間の体も非物質化していくということです。
そのため、
エネルギーの感度がますます高まっていきます。
そこで消滅中の幽界、
冥界からの否定的なエネルギーを
受けやすくなってしまうのです。

この急速な波動上昇によって、
物質次元にあふれ出している
邪気にやられないためには、
どうすればいいのでしょうか。
新しい時代に対応できる自分をつくっていく
方法をお伝えしたいと思います。

はじめに――誰もが急激に霊的な変化にさらされる時代

２０１９年５月１日に新天皇が即位し、平成から令和に元号が切り替わりました。このことは当然、霊的な意味においても私たちにきわめて大きな変化をもたらしています。まず、生前退位という特異な、めでたいかたちで節目を迎えたことによって、日本人の想念形態が肯定的になり、波動上昇が起きつつあります。

そして、日本の神の象徴である天皇と新元号に対して肯定的な意識を持つことによって、私たちはその根幹である天照大御神《あまてらすおおみかみ》をはじめとする高次の存在とつながりやすくなり、さらなる波動上昇が行われていきます。これによって日本全体の波動も、ひいては世界の波動も上昇していくことは間違いありません。

その上、地球自身もすでに高次元への波動上昇という道を選択しているので、そちらからの多大な影響も加わります。

まさに人類史上最大の波動上昇が訪れつつあるのです。

ただし、この変化が私たちにもたらす影響は、けっして手放しで喜べるものではありません。端的に言えば、**高次領域からの恩恵を受けてうまくいく人と、そうでない人の差が顕著に表れてきます。**

たとえうまくいく人であっても、好転反応として一時的に苦しい思いをする可能性があるし、もともとネガティブな意識が強かったり、間違った生活習慣を持った人であれば、心身の不調はいっそう深刻なものとなるでしょう。

救いは、そうした悪影響をできるだけ抑えるための対策もあるということです。

本書では、この未曽有の大変化の時代に適応していくためのエネルギー対策について解説していきます。

ここで言うエネルギーとは、もちろん霊的なエネルギーのことです。

別の言い方では気、波動、万物を構成するホログラフィー情報などと表現することもでき、どう呼んでもかまわないのですが、本書ではおもに「エネルギー」と呼ぶことにします。

言うまでもなく、エネルギーにはよいものもあればそうでないものもあります。また、理由は後で述べますが、**波動上昇中の地球にはかつてないほど大量の否定的なエネルギーが充満しています。**

にもかかわらず、昨今のスピリチュアルブームでは、エネルギーを取り入れること、エネルギーを使うことばかりに重点が置かれ、防御することや取り入れたエネルギーを排出することについてはあまり知られていません。それが一番の問題であり、早急に改善しなくてはいけないと思っています。

そのための柱となるのは、よくないエネルギーの悪影響を受けないようにするための体づくり、受けづらくするための方法、受けてしまった場合の排出方法の３つです。

本書ではそれらについてできるだけわかりやすく説明していきたいと思います。

スピリチュアルな世界に興味があろうとなかろうと、令和の時代を迎えて、誰もが急激に霊的な変化にさらされるようになりました。

そんな今だからこそ、エネルギー対策は必要不可欠な護身術と言えるでしょう。

２０１９年５月吉日

吉濱ツトム

目次

第2章　高次波動に耐えられる体をつくる①　〜エネルギー対策の誤解〜

第3章 高次波動に耐えられる体をつくる②
～誤った生活習慣や一般常識のウソを知る～

◆噛まない　◆食事中の水分摂取が多い　◆大食い　◆肉の摂取が多過ぎる　◆飲食で冷たいものが多い　◆炭水化物ばかり摂っている　◆野菜ばかり摂っている　◆大量に果物を食べる　◆猫背　◆下向きの姿勢　◆歩かない　◆家や会社にこもってばかり　◆換気をしない　◆パソコン、スマホ、テレビの視聴時間が長い　◆汗をかかない　◆湯船につからない　◆あまり水を飲まない　◆やわらかい布団で寝ている　◆利き手ばかり使っている　◆文句や愚痴が多

第4章　邪気を受けないための体づくりと心づくり

に住まない　◆墓地のそばに住まない　◆井戸はなるべく蓋《ふた》をしない、もしくは祈禱《きとう》をする
◆古い家に住まない　◆古い家から引っ越せない場合は、クロスの張りかえなどのリフォームを行う　◆高層マンションやアパートの2階から下には住まない　◆坂の下には住まない
◆部屋の物を徹底的に減らし、整理整頓をする　◆人形は置かない　◆年代物の絵や骨董品関係は置かない　◆風を1時間に1回は入れる　◆睡眠時とその1～2時間前以外は、部屋を常に明るくする　◆部屋の汚れを可能な限り落とす　◆パソコン、テレビ、スマホを止める
◆イチョウ葉を摂る　◆本やパソコン、テレビは目線より高い位置で見る　◆かたい布団で寝る　◆食事にレモン、パイナップル、ショウガ、バルサミコ酢を使う　◆善玉菌　◆ペット
◆マンホールを踏まない

第5章　受けた邪気を排出する方法

邪気を受けたときの小手先の排出方法

◆漸進的筋弛緩法《ぜんしんてききんしかんほう》　◆腸腰筋のストレッチ　◆太ももストレッチ　◆インナーマッスルの開発

第6章　エネルギー出力を上げるための方法

装丁　三瓶可南子
編集　豊島裕三子
編集協力　菅野純子
　　　　長谷川恵子
イラスト　浅田恵理子

第1章

地球はいよいよ高次非物質次元への波動上昇を選択した

人類史上最大の波動上昇が訪れる

本書の冒頭で述べたように、平成から令和へと元号が切り替わったことによって、私たちの波動は急激に上昇しています。

それには3つの要因が挙げられます。

1つ目が、単純に日本人の心理状態が大きく変わったということ。元号に元々興味がなかったとしても、いざ元号が変わると、元旦になったときと同じように節目の心理が働きます。そして日本人全体が、過去に対しての認識が大きく変わり、未来に対してより前を向いていこうというふうに意識を切り替えました。

心理状態が変わり、それと相互作用のある意識も変わって前向きになった結果、エネルギー体やエネルギー体を構成する波動の内容が変わるわけです。

そうした節目の心理が働くのに加えて、昭和天皇のときは崩御という悲しい形で平成に切り替わりましたが、今回は生前退位なので、「年号が変わるのはめでたいことだ」

というきわめて異例な心理状態になりました。それが波動に反映され、日本人全体が肯定的な方向に進んで、大きな波動の上昇が起こっています。

２つ目としては、今私たちが言う「天皇」とは個人のことを指すのではなく、八百万《やおよろず》の神や天照大御神といった日本特有の神の象徴そのものであるということ。そして天皇と元号は、ほぼ一体と言ってよいものです。したがって、新元号を肯定的に迎えられるということは、その最も根幹的な象徴、あるいは存在であるアマテラスといった高次の存在と非常につながりやすくなるということです。

それを信じていようといまいと、霊的な方面に大きな関心があろうとなかろうと、意識や波動が肯定的に切り替わる結果としてそうなるのです。

波動を上昇させるための１つの要点としては、高次の存在とつながることがきわめて重要になります。だから、今回の改元というのは、霊的にも波動上昇としても、とんでもなく重要な儀式だったということです。

こうして日本全体の波動上昇が行われていきます。

3つ目として、「日本が今までも世界の中心であったし、これからもその力は増して中心であり続ける」という特有の思想はスピリチュアルの世界でよく言われてきたことですが、そこに由来する変化もあります。

今回の元号改変によって日本の波動上昇が起き、高次領域の存在との結びつきが強くなり、結果として日本全体の波動上昇が起きる。ということは、日本は世界の中核なのだから、世界全体の波動上昇がやってくる、ということになるわけです。

このあと32ページで詳しく述べますが、1987年以降、幽界《ゆうかい》と冥界《めいかい》が消滅し始めました。その結果、地球の波動上昇も進んでいますが、それが現在はより加速していて、その加速が決定的になったのが、実は生前退位以降です。

2019年4月1日の元号発表でさらにぐっと加速したのですが、実際にそれが施行された5月1日からは、より指数関数的に伸びているはずです。前述のように日本が世界の中核に位置づけられるからで、そのために波動上昇としても霊的な視点としても、

人類史上最大の波動上昇が5月1日から訪れたと言えます。

しかし、この大変化がもたらすものは、私たちにとってよいことばかりではありません。高次領域からの恩恵を受けやすくなると同時に、これまで以上によくない波動の影響も受けることになります。ここ数十年は、むしろ後者の傾向がより強くなってきます。

その意味で、今回の波動上昇は諸刃《もろは》の剣《つるぎ》とも言えるものです。

特に、スピリチュアルな世界に傾倒してきた人のほとんどは、これまでの意識や行動を見直し、新しい時代に対応できる自分をつくっていく必要に迫られるでしょう。

そのためには具体的にどうすればいいかという話に入る前に、「霊的な視点から見た世界の構造」について説明しておきましょう。

波動上昇が私たちの心身に影響を及ぼすしくみやその危険性を理解するには、まず、世界の基本的な構造を認識しておく必要があるからです。

よいエネルギーが届かないこの世界の根源的構造

私たちが住んでいる世界、それは物質が幅を利かせている世界です。

その上が幽界です。恨み、悲しみ、憎しみ、さらには現世利益に執着し過ぎた人たちがいる世界です。次は冥界。これも不成仏霊《ふじょうぶつれい》の世界ですが、幽界よりは多少ましで、凝り固まった使命や信念、価値観に固執し、なおかつ、それが果たせなかったと思い込んでいる人たちが行く世界です。

その次がいわゆる「あの世」で、人が死んだら魂となって帰っていく、あるいは次に輪廻《りんね》転生するまで待っている間の一時滞在場所です。

その上が高次元。ここは、よいものだけで構成されている極楽のような世界です。もう生まれ変わる必要のない聖人や悟った人たちが、ここに集まります。

理論物理学者の間では、異次元の存在はほぼ認められています。異次元はオカルトの話ではなくなってきているのですが、それはあくまでも理論であって実証されたわけで

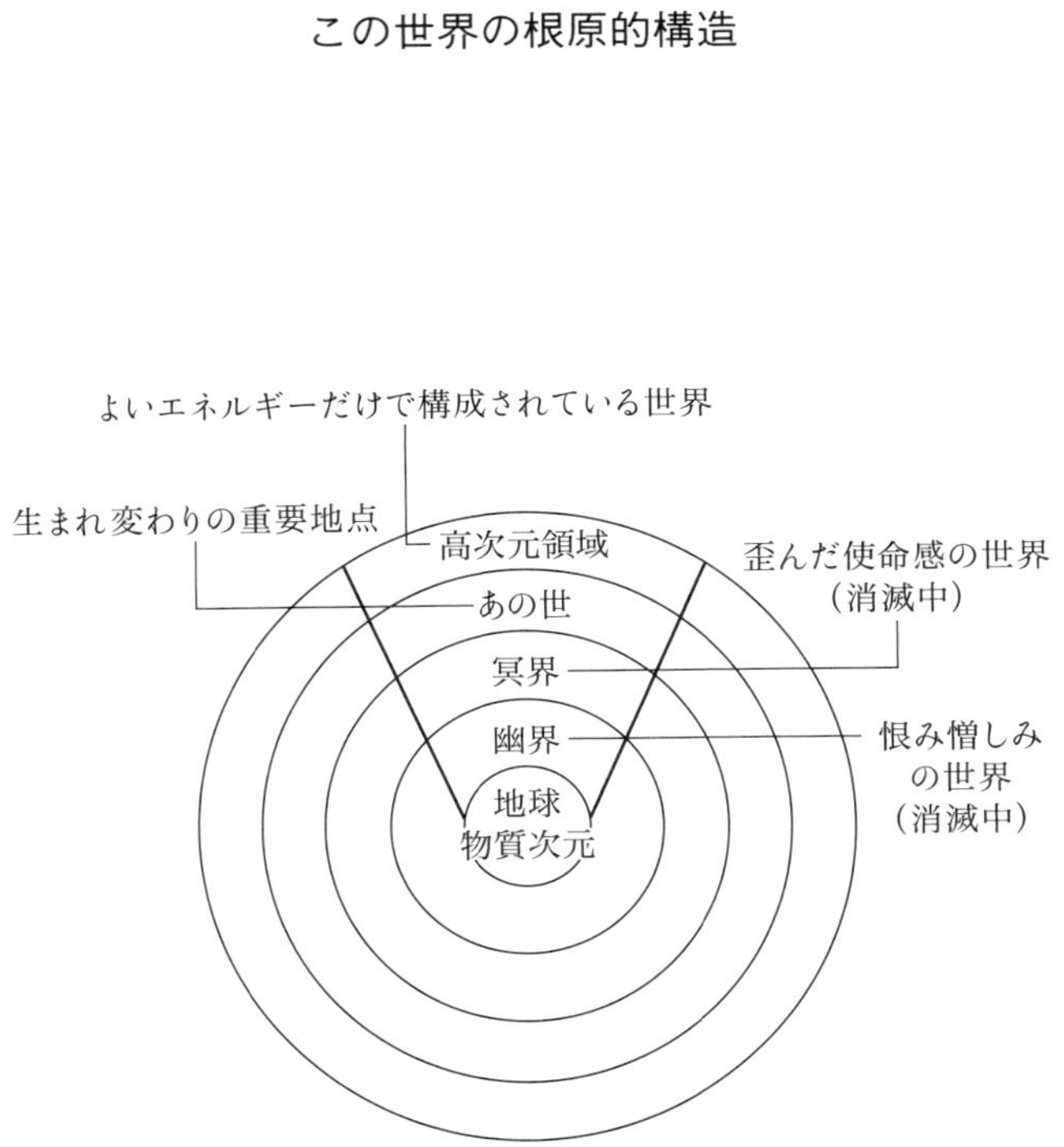
この世界の根原的構造
よいエネルギーだけで構成されている世界
生まれ変わりの重要地点
高次元領域
歪んだ使命感の世界
（消滅中）
あの世
冥界
幽界
恨み憎しみ
の世界
（消滅中）
地球
物質次元

はありません。おそらくこれからも、100年ぐらいは実証されることはないでしょう。

私たちが住むこの物質次元は、ホログラフィー構造によって形成されています。高次領域からエネルギー情報が投影されて、物質次元、あるいは自分たちの体、心がつくられているのです。

ホログラフィーについては、映画館にたとえるとわかりやすいでしょう。

映画館には映写機があり、そこから光情報が発信されてスクリーン上に映し出されます。この映写機にあたるのが高次元で、高次元から投影されるエネルギーが映写機からの光情報、物質次元がスクリーンにあたります。

宗教や哲学ではよく「この世は幻」と言われますが、それはこのホログラフィー構造のことを表現しているのでしょう。全ては投影であって、投影がなければこの現実世界はありません。つまり、この世界は実体のない世界なのです。

よいものだけで構成されている高次領域からエネルギーが投影されているのだとしたら、この物質次元は極楽浄土の世界になるはずですよね。でも、現実を見たらこの有り様です。戦争があり、災害が起こり、事件や事故はひっきりなし。なぜ、このようなことが起こるのでしょうか。

それは、高次領域からのエネルギー情報投影が、冥界もしくは幽界のエネルギーに歪《わい》曲《きょく》されてしまっているからです。


先ほどの映画館のたとえに戻りましょう。

僕が子どものころ、夏休みになると子ども向けのアニメ上映会が開催されていました。そこに行くと、必ず何人か映写機から投影された光に手をかざす子がいたものです。実は僕もその１人でしたが、このいたずらっ子と同じことをしているのが、冥界、幽界です。

冥界、幽界のせいで、高次領域のエネルギーが複雑に変換されてしまいます。

こうして、この世界に病気や紛争、否定的な感情が発生してしまうのです。

この世で苦しみが発生する理由

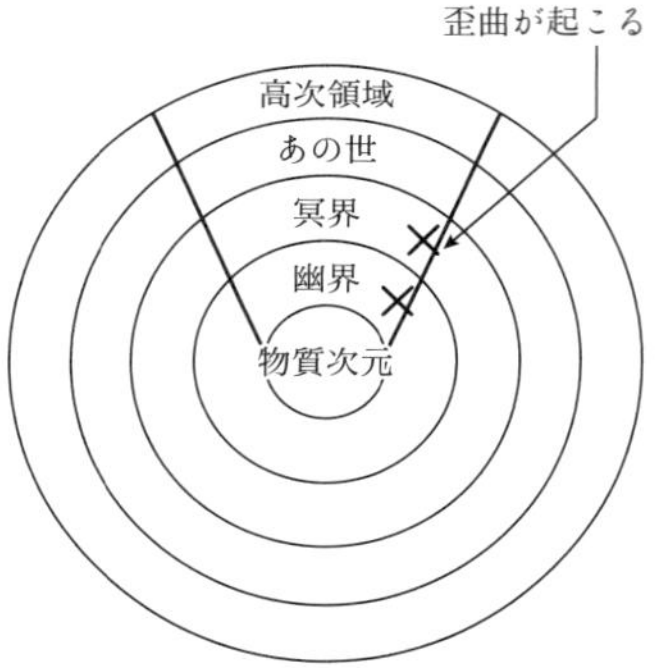

個人としてそれが発生する理由
（個人としてもエネルギー情報を投影している）

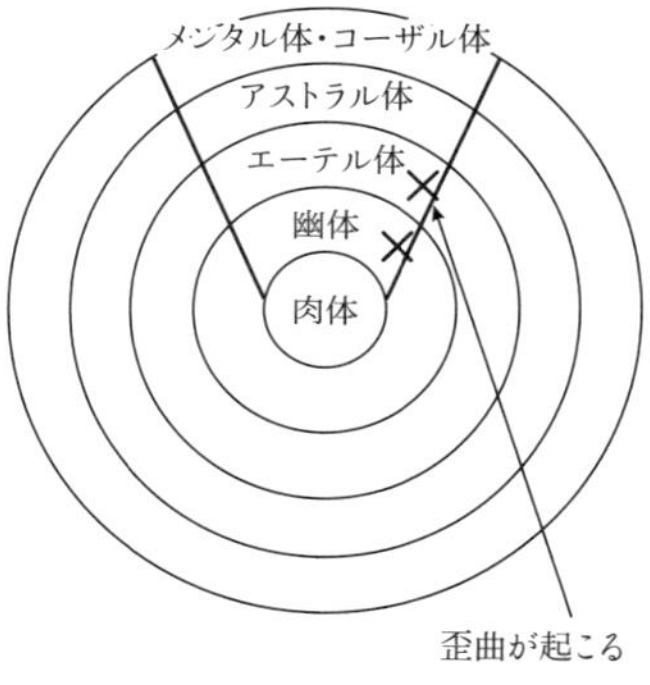

「人から悪い気をもらう」「邪気にあたる」という意味は？

個人レベルで見ると、物質次元に対応するのが肉体です。魂＝エネルギー体ですが、幽界に対応するのが幽体で、冥界に対応するのがエーテル体です。これは神智学です。

1つ上の「あの世」は諸説あるけれども、とりあえずアストラル体としておきましょう。その1つ上がメンタル体、さらに上がコーザル体となっています。

個人としては、幽体とエーテル体があるのは仕方ありません。悟っていない限りは誰にでもあります。逆に幽体、エーテル体が存在していない人は、おそらくこの世にはいられません。アストラル体、メンタル体だけだとあの世とか高次領域にしかいられないでしょう。

個人に幽体、エーテル体があるのですが、エネルギー体の中に幽体のエネルギーが大量に含まれていると、それが何らかの病気や情緒不安定など、否定的感情にさいなまれてしまいます。

よく「○○さんと会ったら悪い気をもらった」とか言いますが、これは幽体の気です。「邪気にあたる」というのは幽体の気を大量にもらった状態、もしくはエーテル体が冥界の気を大量にもらった状態をさしています。

エネルギー対策の目的は、2つ。まず1つ目は、幽体、エーテル体に含まれている否定的な気、悪いエネルギーをなるべく減らすこと。

そして2つ目は、それらのエネルギーを受けないようにすることです。

ただし、どんなに気をつけていてもやはり多少は受けてしまいます。なので、なるべく効率的に素早く否定的なエネルギーを排出できるようにしていくことが重要です。

憑依現象がふえているのは、消滅中の幽界、冥界から大量に不成仏霊が降りているから

幽界や冥界は、1987年以降、急速な勢いで縮小し、消滅しつつあります。そのため、基本的に世の中はよくなってきていますが、幽界、冥界のエネルギー量があまりに

も莫大《ばくだい》なので、完全に消滅するまでには、あと何十年もかかるでしょう。

そして今、消滅中だからこそ、物質次元にさらなる悪影響が出てしまっている状態です。幽界や冥界のエネルギーが消滅するのはいいのですが、冥界や幽界の世界だけが自己完結的に消えるのかというとけっしてそうではありません。

消える前に一度、物質次元に降りてくるのです。

消滅中であるにもかかわらず、物質次元に邪気（悪いエネルギー）が降りてきてしまいます。こうして今、物質次元はよくなってきつつあるのですが、同時に、**否定的な気もふえてきているのです**。

幽界も冥界も消えかかっているので、不成仏霊たちは、当然、生き残りをかけて死にもの狂いです。霊が生き残りをかけるだなんておかしな話ですが、とにかく存在の危機だということです。生き残るための手段の１つに、人間に取り憑《つ》いてしまうという方法があります。だから、**幽界も冥界も消滅中であるのに、この世界での憑依《ひょうい》現象はすごくふえているのです**。

このように、冥界や幽界のエネルギーや不成仏霊が大量に降りてきているので、なおさらエネルギーの対策が必要になってきています。

例えば、ここに汚水タンクがあるとします。汚水タンクを撤去するためには、どうしても壊さなければいけません。しかし、壊せば当然、においを外に放出することになります。汚水タンクを撤去してきれいにするためには、どうしても一時的ににおいが出てしまうのです。この汚水タンクが、冥界や幽界にあたります。そして汚水タンクから放出されるにおいが、邪気とか不成仏霊です。

電車などで、ものすごくタバコくさい人の隣に座っていると、自分にもタバコのにおいがうつってしまうことがあります。これと同じようなことが、気についても起こります。不成仏霊は特別なものではなく、邪気の塊にすぎないので、憑依そのものは別に問題ではありません。

しかし、憑依されることによって、否定的な気が自分の体に入ってしまいます。ときには、ホログラフィーの情報がねじ曲げられてしまうこともあり、心身の状態がおかしくなってしまうのです。

人類史上最大の波動上昇で、人類は否が応でもかつてない脅威にさらされている

ここまで、この世界の構造と、人間のエネルギー体の構造、そして幽界、冥界のエネルギーによる憑依現象がふえている理由についてお話ししてきました。

そうした中、**地球自身は非物質次元への波動上昇という道を選択し、その動きはいっそう加速しつつあります**。

そう言える根拠としては、次のことが挙げられます。

まず、対外離脱の達人たちが異口同音に「上昇を抑え込む最大の要因だった幽界、冥界の否定的なエネルギー情報がどんどん減少しつつある」と言っていること。幽界、冥界のエネルギー情報が減ることによって、「高次領域からの波動情報」というホログラフィーの投影がより明確になって、あるいは単純に情報投影量が多くなって、結果として急激な波動上昇が行われているだろうと推測できるのです。

もう1つの根拠としては、この世界は物質ガチガチの世界で、当然人間の思考や能力も物質次元に制約されるわけですが、今、急速にそれが崩れているということです。

例えば大半の人が、オカルトに興味がなかったとしても、「UFOはいるのではないか」「超能力もあるかもしれない」というスタンスになってきています。

宇宙物理学者の世界も変化しています。ワームホール、テレポーテーション、パラレルワールドなどはれっきとした研究対象になっているし、ブラックホールが地球のホログラフィー、投影として地球をつくっている最大要因であることは論理として明確であって、宇宙物理学者であれば疑いようのない共通理解になっています。要は、先端の知能が超オカルト的な思考にかじを切っているということです。

これはホログラフィーの視点から言うと、非物質次元からのエネルギー情報投影が明確になっているので、その結果、人間の思考や意識に大幅な変化や柔軟性が生まれ、進化が起きているわけです。

宇宙物理学者などは、これまで、一般の人間よりもきわめて論理的に生きてきたにもかかわらず、一般の人間よりもきわめてオカルト的、スピリチュアル的な観点で世界を見渡すようになっています。

また、霊的な能力を発動させられる人間も大きく増えています。例えばレイキなどもそうだし、一円玉をおでこに張り付けて3枚4枚重ねたりすることもみんな練習すればできるようになっているし、スプーン曲げなどもそうです。地球が非物質次元にかじを切っているから、霊的な能力も当然目覚めやすくなっているわけです。

あくまでも状況証拠になってしまいますが、そうしたさまざまな現象が、地球が波動上昇を選択していることの証拠と言えます。

しかし、まさにそのことによって、**人類は否《いや》が応でもかつてない脅威にさらされている、それが今の状況です。人類史上最大の波動上昇とは、イコール、人類史上最大の幽界、冥界のエネルギーの濃度上昇が訪れるということだからです**。その濃度上昇は一時的なものではありますが、けっして影響を見過ごすわけにはいきません。

高次エネルギーの恩恵を受けられる人、幽界冥界のエネルギーを受け続ける人

この状況で実際にどんなことが起きるのかというと、まず、**高次のホログラフィーを上手に受け取って上手に扱える人と、ひたすら幽界冥界のエネルギーをつかまえ続ける人、この2極に分かれるかもしれません。**

前者の場合なら当然、高次領域からの恩恵が受けられるので、肉体としても精神としても生活状況としても、いろいろな面で円滑に行く可能性があります。またそういう人たちだからこそ、好転反応が起きて一時的に苦しい思いをすることになります。

ただ、クギを刺しておくと、体をこわしたときに何でも「好転反応だ」と解釈して、何の対策も講じないのは間違いです。特にスピリチュアル好きな人がそうなった場合、その大半はスピリチュアルな原因の苦しさではなく、偏った食事など間違った健康法による自業自得のものなので、それはちゃんと自覚しておくことが必要です。

また、この物質次元には、幽界に属する幽界主みたいなものがたくさんいますが、彼らは幽界や冥界の消滅に伴ってゆっくり消滅しつつあります。魂は永遠と言われるし、根源的な点では永遠でしょうが、現実的には実は消滅します。最終的には素粒子とか、そういったものになっていきます。

そうした幽界、冥界の存在とあまりにもつながり過ぎている、あるいはそういったエネルギーを蓄えすぎている人は、次元上昇によって、結果として肉体的にも精神的にもさまざまな問題が出てきてしまう、あるいは破滅的な状態になる可能性があります。

昔、ロシアの科学者が面白い実験をしています。雑菌をシャーレの中で繁殖させて、そこにさまざまな周波数を出せる金属棒を近づけてみたのです。すると、Ａの波動を近づけると雑菌が大繁殖し、別のＺの波動を近づけると動きが鈍くなり、最終的に消滅するという結果になりました。

たとえるなら、その実験で使われた金属棒にあたるのが地球で、その棒から発せられる周波数は地球の波動やホログラフィー、雑菌は人類であるという言い方もできるでしょう。

もちろん、ノアの箱舟やSFみたいに人間が消滅してしまうことはありませんが、現実に置き換えて、うまくいく人とそうでない人というのは顕著になるでしょう。

だから今、かつてない影響にさらされるという点では手放しでは喜べないわけです。

霊的云々《うんぬん》だけでなくて、現実的にも古いビジネスモデルの会社や職種は急速に淘汰されていますよね。昔だったら時代遅れになっても10年20年は余命があったのが、今は1年2年でダメになっても当たり前です。それと同じことが、霊的な点からあちこちで起こってきます。そういう意味でも急激な波動上昇は諸刃の剣なのです。

地球の波動上昇に伴い、多くの人のエネルギー体が鋭敏になってくる。すると、ますます否定的エネルギーや邪気を受けやすくなる

繰り返しになりますが、幽界、冥界の世界が消滅しつつあるということは、地球は急速に非物質化の方向に向かっているということです。地球上にいる人間も大きくエネルギーの影響を受け、エネルギー体が活性化され、鋭敏になっていきます。

地球が非物質化していくということは、人間の体も非物質化していくということです。非物質化することによって、エネルギーへの感度がますます高まっていきます。そこで消滅中の幽界、冥界からの否定的なエネルギーを受けやすくなってしまうわけです。

エネルギー体は、音叉《おんさ》と同じです。１００ヘルツの音叉をたたくと、そばにある同じ周波数の音叉も振動して、音を鳴らします。つまり、活性化しているのです。

片方の音叉が地球であり、もう片方の音叉が人間です。

地球が非物質化に向けて進んでいるとき、人間も連動しています。今後、人間のエネルギー体はますます鋭敏になっていき、否定的なエネルギーを受けやすくなるでしょう。

さらに困ったことがあります。

どんなにエネルギー体が鋭敏になったとしても自分から発するエネルギーの出力が上がるわけではないのです。受信の感度ばかり上がってしまって、出力は変わりません。

しかも、地球はまだまだ否定的なエネルギーのほうが多いため、かえって邪気を受けやすくなってしまうのです。

自分のエネルギー体が鋭敏になったとしても、常に肯定的なよいエネルギーを発していれば、否定的なものを消去することができます。

しかし残念ながら、エネルギー体が活性化することと、エネルギーの出力が上がっていくことにはあまり相関関係はないのです。

鋭敏になればなるほどエネルギーの出力が上がるというわけではありません。

ここをみなさんよく誤解しているのですが、エネルギー体を活性化すれば邪気対策になるだろうと思って瞑想《めいそう》に励み、その結果、多くの人がより邪気を受けやすくなってしまっています。

音楽を例にとってみましょう。音楽を聞くことで音に対して耳は敏感になりますが、それによって声がよく出るようになるかといったら、そんなことはありませんよね。

絶対音感のある人は、どんな音もドレミの音階で聞こえてしまうと言いますが、絶対音感があっても、ボイストレーニングをしなければ声は出ないのです。絶対音感と声の出力量にはあまり関係がありません。

瞑想をしていたら受信であるチャネリングはできるようになります。しかし、瞑想によって出力である気功の達人になったという話はほとんど聞きません。

エネルギー体を活性化すれば受信は高まりますが、出力も高まるとは限らないのです。

ここを勘違いしないようにしましょう。

遠くのよいエネルギーよりも、近くの悪いエネルギーのほうがより影響力がある

消滅しつつある幽界、冥界のエネルギーは、量があまりにも莫大で、なかなか消えてくれません。地球への影響力は、依然として強く残っているのです。

地球のホログラフィック構造上、幽界のエネルギーが波動周波数として最も近いところにあります。**エネルギーというのは、高次になればなるほど、地球とは周波数が離れてしまうのです。**遠くの人の声はよく聞こえなくても、近くの人の声はとてもよく聞こ

えますよね。

非物質次元にいる私たちに一番近い世界は、基本的に不成仏霊の幽界の世界です。

こうして、私たちは悪いエネルギーのほうに影響を受けやすくなっているのです。

> 私たちの誰もが浄化の最中なので、
> みんなが邪気を発する恐ろしい時代

幽界が消滅するとき、そのエネルギーは一度物質次元へ降りてきて、人間の幽体に大きな影響を与えてしまいます。

これは幽体のエネルギーが幽界に対応しているためです。

今、私たちのだれもが浄化の最中です。地球の波動が上昇して、人間のエネルギー体も波動が上昇しているということは、エネルギー体が浄化中であるということです。

幽体はどんどん縮小していきます。そのとき、幽界が消える前に一度物質次元にやってくるように、幽体のエネルギーも、消える前に一度外に向かって放出されます。

みんなが邪気を発するという恐ろしい時代になってきているのです。

例えば、Ａさんといると、ただ一緒に座っているだけで気分や体調が悪くなったりします。同時にＡさんは、Ｂさんといると具合が悪くなるということが起きるかもしれません。

タバコくさい人と長時間一緒にいると、タバコのにおいが移ってしまうのと同じように、邪気を放つ人とずっと一緒にいたら、その邪気を受けてしまうのです。

邪気が取りつきやすい人、取りつきにくい人

波動を上げれば悪いエネルギーが近づかないというのは半分嘘です。

確かに波動を上げれば悪いエネルギーは近づかなくなっていきますが、それは超極限まで波動を上げた状態であって、中途半端に上がってしまうと、かえって吸着しようとする働きになってしまいます。

波動が中途半端にきれいで、かつ、霊媒体質、霊媒でもおもに能動系でなくて受信系

の能力にたけている人、チャネリングや直観、透視などが得意な人は気をつけましょう。

男女で比べると、女性のほうが邪気を受けやすいです。女性は肉体的にも受動的だし、女子の能力者で激しい能動系の気功家などはまれで、タロットやチャネリングやオーラミックスなど、受信系の人が圧倒的に多い。そうするとやはり吸着します。

ほかには肉体的に弱っている人、特に首や背中がやたら凝る人は吸着しやすいです。というのは、そこが負のエネルギーセンターになって、より集まってきてしまうからです。逆にそこが凝っていなければ、邪気をもらっても排出できます。


サロンでボディケアなどの仕事をしている人も要注意です。

女性の大半はそういったセラピスト関係の仕事でやられます。なぜかというと、人の体を触ると、霊的なことをやるよりもさらに吸着しやすいのです。

その上、前述のように女性の場合は基本的に吸着しやすい体質で、しかもそういうことをやっている人はだいたい霊媒的なことが好きなので、より吸ってしまうのです。誠実に一生懸命やっている、潜在能力が高い女性ほどやられやすいと言えます。

ふわふわした天使系や妖精系もそうですし、バシャール的なエネルギー、あるいは魂を持った人も吸着しやすく危ないです。彼らはきわめてエネルギーに敏感ですが、邪気をもらいまくるし、耐性もありません。実際にバシャールたちも、「地球にはとてもじゃないけど滞在することができない」と言っています。彼らは、長い間制限・不自由に縛られてきた地球という星の、重い波動には耐えられないのです。

逆に、**邪気をもらいにくいのはどんな人かというと、波動がよい人の中では、白光系ではなく黄金系の人です**。白光は一番波動が高いですが、白は染まりやすいし、高次の精妙なエネルギーは物質次元に与えられる影響が弱い。中途半端に白光を持っているとやはり吸着しやすいです。黄金系の場合は能力が能動系で、出力がきわめて高いので染まりにくいと言えます。

肉体がしっかりと強化されている人、自分の否定的な思考や状況をちゃんとメタ認知＝客観視できている人も、もらいにくいです。

セラピストでは、男性でちょっと感度が低いぐらいの人なら耐性があります。

気功家でも念力系の、ちょっと圧のある、副作用のある気の持ち主も同様です。相手から飛んでくる邪気を、かなり攻撃的な気で消去することができます。

龍神や不動明王的な強い守護神・守護霊を持った気功家なども、実はそのために体に負担がかかる面もあるのですが、邪気をもらいづらいのは確かです。

その龍神は実際のところ高次元ではなく冥界の龍神なのですが、一時的な攻撃性はきわめて高いです。そうした龍神エネルギーは、物質に与えられる影響がずいぶん大きいぶん邪気に対しても対処しやすいので、ケガなどもしにくいのです。

心身の不調を脱し、波動上昇に耐えられる体をつくる

これまで、残念ながら「波動」や「エネルギー」を専売特許とするはずのスピリチュアルな世界において、包括的な波動の活かし方は展開されてきませんでした。

では、この急激な波動上昇によって、物質次元にあふれ出している邪気にやられないためには、どうすればいいのでしょうか。

いろいろな要素がありますが、一つ言えるのは、私たちは波動が上昇してエネルギー体優位になるからこそ、**肉体を徹底的に浄化しなければならないということです。**

というのは、エネルギー体があまりにも活性化してしまうと、つねに誰もがプチ体外離脱状態、霊媒体質になります。それでもきわめて浄化された世界で、完全にエネルギー体優位ならいいのですが、残念ながらいくら波動上昇したとしても、地球のエネルギーは幽界、冥界から降りてきた否定的なエネルギーで、一時的に汚れています。

結果として肉体・精神の不調が起きるし、プチ対外離脱を繰り返している人は霊体が肉体からはみ出してしまうので、体調が悪化してしまうことがかなりあります。

残念ながら、スピリチュアルに傾倒している人は、体づくりや肉体的な点に関する介入のしかたを軽視してしまっているか、あるいは間違ってしまっているケースが大変多いようです。

自分自身の波動上昇、地球の波動上昇が急激に起きているにもかかわらず、相変わらず霊媒体質で、プチ体外離脱状態になっていて、なおかつ肉体を置き去りにしたまま霊媒体質を加速するようなことばかりやってしまうと、とんでもない不調に陥ってしまうかもしれません。

そこでつくられた否定的なエネルギーは、いったん好転反応として放出されますが、放出されるとエネルギー体がより軽くなってしまうので、また邪気を受けて心身が不調を重ねます。そうすると、また否定的なエネルギーがたまってしまう……という不毛な状態になってしまう可能性があります。まるで、自分で毒物を摂取して吐き出して、吐き出した後でまた毒物を摂取して、また吐き出しているようなものです。

ヒーラーやセラピスト、カウンセラーは特に要注意

人類は、波動上昇によって霊的な世界に移行しつつあります。

人々はますます、根源的、哲学的なことに関心が強くなり、今後ますますヒーラー、

セラピスト、カウンセラーといった仕事につく人が増えていくでしょう。

しかし、残念ながら、彼らの大半は廃業に追い込まれてしまいます。

これは、集客がうまくいかないといった面もありますが、「流行《はや》っているのに廃業する」というケースがふえていきます。来談者のエネルギーにやられてしまうからです。

これは来談者がいけないという話ではありません。


例えば、野球選手の場合、トレーニングや肩のメンテナンスをしない投手は長続きしません。たとえそれらを行っていたとしても、簡単なアイシングやちょっとしたウエートトレーニングだけでは間違いなくもちません。長続きしている投手は、練習や試合時間よりも、トレーニングやメンテナンスにより多くの時間をかけています。それも、さまざまな手法を使って、多様なアプローチで体を調整しているのです。

多くのヒーラーやセラピスト、カウンセラーは、自分の体に対して関心を持っているように見えて、実は短命投手とほとんど変わりません。

エネルギー対策は1日に10～20分やればいいほうだし、やっていることも、塩で手を洗うといったような簡易な方法にすぎません。大半のヒーラーやセラピストは、エネルギー対策が甘いばかりに、よくないエネルギーにやられて心身のバランスを崩し、廃業していくことになるでしょう。

僕は、個人セッションという形で、人の相談に乗っています。大半は発達障がいの相談ですが、それだけでなく、セラピストになりたいという人も来ています。

そういう人に対して僕が言うのは、「何よりもエネルギー対策に徹底的に時間をかけなければ、セラピストとしてやっていくことはできない」ということです。セラピストとしての能力開発がある程度の段階まで行ったら、知識や技術を高めることは一回脇に置いて、徹底的にエネルギー対策を行う必要が出てきます。

僕は発達障がいのセッションをやっていますが、出発点は陰陽道《おんみようどう》です。もともとは気功と整体から始めたのです。気の恐ろしさはよくわかっています。なので、エネルギー対策には常に気を配っています。

社会で長く成功している人を見てください。

仕事をたくさんすることも重要ですが、成功している人はそれ以上に健康維持に時間をかけています。エネルギー対策も、それと全く同じことです。健康のエネルギー版だと思ってください。

否定的なエネルギーを受けやすい人の特徴

◆女性

前述しましたが、改めてまとめてみます。

女性は気質が受け身なので、よいものも、悪いものも受け取りやすい性質を持っています。さらに、エネルギー発信がもともと弱いので、邪気を受けやすく、消去しづらいのです。

女性は、子宮を持っています。子宮は、有害物質もオカルト面の否定的なエネルギーもため込みやすい器官です。また、女性は筋肉量が少なくて基礎代謝が低い。男性よりも女性のほうが圧倒的に冷え性が多いのも、基礎代謝が低いからです。基礎代謝が低いと、もらってしまったエネルギーを排出するのが難しくなります。

エネルギースポットで感じやすいのは、男性よりも女性です。

そして、男性よりも女性のほうがむくみやすい。エネルギーを発する気功家に女性は少なく、受信であるチャネラーには女性のほうが多い。これは、女性が受信するほうにたけているからです。

◆中性的な男性

中性的な男性は、否定的なエネルギーを受けやすい傾向にあります。スピリチュアルなことに関わる男性は、男性だか女性だかよくわからない風貌で、なよなよした性格の人が多い。彼らには子宮はありませんが、基本的に女性のような受け身の人が多いと言えます。

◆ヒーラーやセラピスト、カウンセラーを目指している人

ヒーラーやセラピスト、カウンセラーを目指す人は、霊的な感受性にたけていることが多いものです。だからこそ、自然とヒーラーやセラピスト、カウンセラーを目指すようになったのでしょう。

しかし、これらの職業に就くということは、ただでさえ感受性が高いうえに、否定的なエネルギーを受ける機会がふえていくということです。

人に対して施術をすれば、当然、否定的なエネルギーを受けてしまいます。しかし残念ながら、専門分野を学ぶことばかりに精一杯になっていて、エネルギー対策までは手が回っていません。そして、邪気をため込んでしまうようになるのです。

例えば「私はアーユルヴェーダで劇的に体がよくなりました。感動しました。これを伝えたい。アーユルヴェーダのセラピストとしてやっていきたい」と思った人がいたとしましょう。その人はたくさん学んで、実験的に施術を行ってきましたが、だんだんぐあいが悪くなっていく。そういうことが起こったら、それは、否定的なエネルギーを受けているということです。

「アーユルヴェーダに限らず、ヒーリングや浄化をやっているのにおかしいな」と思ったら、エネルギー対策を怠っていないか、ふり返ってみましょう。

◆エネルギー感受性の高い人

エネルギー感受性の高い人というのは、生まれつきエネルギー体が肉体からはみ出てしまっています。また、エネルギーに対して、発信よりも受信のほうが過剰に開発されてしまっている状態も、これにあたります。

エネルギー体が外界からのエネルギーをムダに吸着しやすい状態になっているのです。このタイプは、非常にエネルギーをもらいやすく、ため込みやすいという性質を持っています。

例えば、肉体の皮膚を剝《は》がした状態は、よくない意味でやたらと感度がいいわけです。ちょっと風があたっただけで痛みを感じます。エネルギー感受性の高い人は、これと同じような状態になっています。肉体や皮膚があるからこそ外界のエネルギーを遮断できるのですから。

肉体はエネルギー体の一種ですが、周波数としては他のエネルギーとあまりにも異なっています。他のエネルギーとは、ほとんど親和性がありません。だからこそ、外のエネルギーをはじくことができるのです。

通常、エネルギー体は体の中に閉じ込められています。ところが、エネルギー感受性の高い人は、エネルギー体がムダに大きくなってしまっているため、体からエネルギー体がはみ出し、あちこちからエネルギーを拾ってしんどい思いをしてしまいます。にもかかわらず、そこで瞑想をしてしまうと、エネルギー体がより拡大して取り返しのつかないことになります。瞑想をやってはいけないと言っているわけではありません。瞑想をやるための「下地が整っていない」ということです。

◆虚弱体質の人／エネルギー体が過剰活性している人

虚弱体質には2つあります。1つ目は、エネルギー体が生まれつき過剰活性している人です。

そういった人は、ホログラフィーとして肉体をつくり出しているエネルギー体が、常に不安定な状態にあります。すると、エネルギー投影に大きな偏りが生まれてしまって、虚弱体質になりやすい。しかも、エネルギー体は過剰に活性しているので、空間から否定的なエネルギーを吸着しやすいわけです。

例えば、霊的能力にたけた人は特に第6と第7のチャクラが異常活性しています。しかし、そこだけが活性化してしまったのでは、常に気が上がりっ放しで体調を崩してしまいます。これは、エネルギー体が活性化して、チャクラをつくっているホログラフィー情報に異常な偏りが生まれているからです。

ヨガのクンダリーニ症候群（心身に不調をきたすこと）も同様です。仙骨のところが異常活性して日常生活が立ち行かなくなってしまいます。慢性的な体外離脱状態です。正面を見て話しているのに、後ろのものが全部見えてしまうといったような現象が起こります。

なぜそんなことができるかというと、現実的には側頭葉の異常活性によるものなのです。霊的に言えば、エネルギー体が膨れに膨れて、後ろからの情報も受けとっている状態です。その情報が肉体に伝えられて、後ろで起こっていることもわかってしまうのです。

そういう人の大半は深刻な精神疾患に陥ったり、肉体にすさまじい変調をきたしたりしてしまいます。ある部位にエネルギーが過剰集中して、結果的に体調を崩しているわけです。

◆虚弱体質の人／肉体が弱っている人

虚弱体質の2つ目は、肉体が弱っている人です。肉体は、外界からエネルギー体を遮断する役割を持っています。肉体が現実的に強化されればされるほど、エネルギー体はしっかり守られるというわけです。

肉体が弱ると、肉体の周波数は幽界や冥界のエネルギーに近づいていきます。つまり、外のエネルギーとの親和性が出てきてしまうということです。こうなると、外のエネルギーの影響ををやたらと受けるようになってしまいます。

大病や大けがをしたとき、あるいは麻酔などで肉体の感覚を喪失したときに、体外離脱をする人が多くいます。これは、肉体が弱って、肉体と外との境がなくなってしまうからです。

歯のレントゲン写真を撮るときは、鉛のエプロンをすれば放射線をある程度防ぐことができます。しかし、そのエプロンがぼろぼろだったら、当然放射線を受けてしまいますよね。この鉛のエプロンに当たるのが肉体なのです。

エネルギー対策というと、大半の人が気の流れとか、オーラとか、エネルギー体とかをどうこうしようとしますが、実は**肉体を強化するだけで、非常に有効なエネルギー対策になるのです**。

逆を言えば、肉体が弱っていては効果的なエネルギー対策はできません。

だから僕は「エネルギー対策として肉体の強化を徹底的にやりましょう。現実的な健康法こそが有効なエネルギー対策ですよ」と言い続けているのです。

でも、地味過ぎておもしろみがないのか、みんなあまり聞いてくれません。

◆新人類の人

新人類の多くは、地球での肉体的な制約の記憶が少ないため、エネルギー体が過剰活性しがちです。エネルギー感受性の高い人と同じで、初めから外にはみ出しています。しかし、エネルギーの出力はそれほど活性化されていないので、否定的エネルギーをやたらと受けやすいのです。

また新人類のエネルギー体は、基本的には虚弱体質の人と同じ状態にあると言えるでしょう。そして変なところだけ過剰活性化していて、肉体的にも情緒的にも不安定な状態にあります。

肉体的に不安定なので外のエネルギーとの親和性が生まれやすく、また、情緒不安定なので否定的な想念と同調しがちで、二重、三重に邪気をもらいやすくなっているのです。

「私、新人類です」とうれしそうに話す人がいますが、「あなたは生きるのが大変なんですよ。わかっているんですか?」と僕は言いたい。実は、あまり喜べる話ではないのです。

◆発達障がいの人

発達障がいの人が否定的なエネルギーを受けやすい理由は2つあります。

まず1つ目として、発達障がいの人は先天的に肉体が弱いので、基本的にほかの人より邪気をもらいやすい。しかも困ったことに、発達障がいの人はやたらとスピリチュアルが大好きです。

発達障がいについての教科書を読むと、「症状として、芸術、神秘、哲学、死生観に強い興味を持つ」と書いてあります。これらはスピリチュアルと非常に親和性の高い分野です。ただでさえ肉体が弱くて邪気をもらいやすいのに、スピリチュアルになんて手を出したら、エネルギー体が何らかの形で過剰活性し、さらに邪気をもらいやすくなってしまいます。

僕だけでなく、スピリチュアルに肯定的な発達障がいの専門医、医者の多くは、口をそろえて、「発達障がいが重くなればなるほど、必ず何らかの不可思議な力を持っている」と言います。

ちなみに、僕もそうです。スピリチュアルにまだ興味を持つ前から、やたらと不可思議な現象に出くわすことが多かったのです。

住まいを変えてもいつもラップ音の鳴る家にあたってしまうとか、やたらと直観力にたけているとか、異常能力で予知夢を見てしまったりするような人は、否定的なエネルギーをもらいやすい人だと言えます。

発達障がいの人の多くは、新人類なのでしょう。

医療や教育の現場には「新人類」という概念はありませんから、あくまでも現実的な見方として「発達障がい」と呼ばれているだけかもしれません。

では発達障がいの人にはどんな特徴があるのでしょうか？

発達障がいとは、脳の先天的な機能障害です。知能は平均か平均以上あるにもかかわらず、きわめて社会適応しづらい性質を持っています。

社会適応力がなく、集団になじめない。非常に強い直観力を持っていることが多い。

既存の価値観に興味を示せない。哲学や神秘思想が大好き。子どものころから感性が大人っぽかった。会社勤めが難しい。本質的なこと以外興味がない。確信を突くことを遠慮なく口にして、人を怒らせてしまう。社会の矛盾にいち早く気づきそれに腹が立っていた。反体制派。自然が好き。芸術が好き。情緒不安定。体が弱い。年齢不詳。トラウマが多い。などといった特徴があります。

この特徴は、新人類にもかなり当てはまります。発達障がいの人は新人類である可能性が高いと、僕は思っています。新人類は基本的に霊的な能力にたけていることが多いので、もしかしたら、発達障がいも霊的な能力にたけているのかもしれません。ということは、邪気を受けやすいということでもあります。

◆心臓の悪い人

気は、受けたらそのまま流れていくかというと、そうではありません。

気をためやすい臓器というものが存在します。**気に反応しやすい臓器は胃と腸ですが、ためやすい臓器は心臓と腎臓です**。その中でも特に心臓が蓄積させやすいので、注意が必要です。

気が多少入っても、心臓が丈夫であれば排出できます。しかし、心臓の弱い人は、排出することができません。それがよい気であっても、排出して流れを滞らせないことが大切です。よい気だったらまだましですが、悪い気の場合はためてしまうと、後々、影響が出てきます。

例えば、気のことをしっかりわかっている気功家は、施術した人に気を入れっ放しにはしません。少し時間がたったら、気を抜く作業を丁寧に行います。

そのとき、最も時間をかけるのは脳と心臓です。

特に心臓の気は丁寧に抜いていきます。そうしないと、動悸《どうき》がして、後々、心不全や何らかの病気になってしまうからです。脳の場合は、気が上がってしまうと本人も何となく違和感をいだくものですが、心臓の場合、気づくことなく過ぎていきます。

気づいたときには病気になってしまうということのないよう、気功を受けるならきちんとした気功家を選ぶようにしましょう。

僕は先天的な心臓の疾患を持っています。僕の指は横に平べったいのですが、これは心臓がもともと弱いため、血液を押し出す力が弱く、末端まで血液と酸素が行きわたらずに、こういう指になってしまうのです。

押し出す力が弱いということは、邪気を蓄積しやすいということです。

心臓が悪い人は、霊的なことをいきなり始めないようにしましょう。

しっかりエネルギー対策をしないと、後々大変なことになってしまいます。

◆エネルギー的に問題となる場所に住んでいる人

人は、長時間身を置いている環境から大きな影響を受けます。

例えば、排ガスの空気汚染が激しい地域に長時間いれば、当然、服や体が汚れるし、体調も悪化します。

エネルギー体にも同じことが言えます。現代人にとって、最も長く身を置く環境とは、会社と自宅です。この2つに問題があると、エネルギー体は否定的なエネルギーを受けてしまうわけです。

この世界の全ては、エネルギーのホログラフィック投影によって構成されています。

といっても、全てに対して均一にエネルギーが投影されているわけではありません。強く投影されているところ、弱く投影されているところがあります。環境、つまり、場をつくるところに対して莫大なエネルギーが使われています。

その場が否定的なエネルギーであふれているということは、ホログラフィーとしても否定的なエネルギーが大量に投影されているということです。当然、いろいろな影響が出てしまいます。よろしくない場にいるということは、ホログラフィーとして莫大な否定的エネルギーを受けてしまうことになるのです。

◆情緒不安定の人

「類は友を呼ぶ」という言葉の通り、同じ波動は引き合い、増長します。人間がよい波動を発していればよい波動が来るし、悪い波動を発していれば悪い波動が来ます。

情緒不安定の人は、基本的に、よい感情でいることは少なくて、怒り、悲しみ、憎しみ、恐怖といった否定的な感情が常に発せられています。

そういった感情が発せられると、それに見合うだけの同様の波動が自分のところに返ってきてしまいます。否定的な波動や否定的な感情は邪気そのものなので、情緒不安定な人は知らず知らずの間に邪気をため込んでしまうのです。

◆ＵＦＯをよく見る人

ＵＦＯをよく見る人は、エネルギー感受性が非常に高い状態にあります。

そういう人はＵＦＯに同調しやすいのですが、ＵＦＯはワームホールという「異次元の穴」からテレポーテーションで飛んでくるため、ＵＦＯを見る人はワームホールにも飛びやすい傾向にあります。

ワームホールはよいものだけでなく、幽界とつながりのあることが多いものです。

ＵＦＯが意図的にワームホールをつくるだけでなく、実は、自動的に発生してしまうワームホールも無数にあります。どこにでもワームホールはあるのです。

ワームホールはもともと原子の１兆分の１の、そのまた１兆分の１ぐらいの大きさで、至るところに存在します。

ＵＦＯを見る人は、至るところにあるワームホールと同調しやすいのですが、その**ワ**

ームホールは幽界と同調している可能性があります。

つまり、幽界のエネルギーがその人に流れてきてしまうことがあるというわけです。

だから、「UFOを見ました」と無邪気に喜ぶのは考えものです。確かに見えたら楽しいけれど、ワームホールとつながることのデメリットを考慮する必要があります。心身への影響は、バカにできないのです。

僕の知り合いで、宇宙人が宇宙船の窓に手を当ててのぞいているのが見えたというぐらい間近で見てしまった人がいます。その人はUFOを見てから統合失調症になってしまいました。実は、そういう人がかなりいるのです。

僕も、仕事で仕方なくUFOを呼ぶことがありますが、頻繁に呼んでいると、頭がまわらずフワフワした感じになってしまいます。これは、麻薬でトリップしている人に近い状態です。

エネルギーがあまりにも異質というのもありますが、一番の原因は、ワームホールとのつながりができてしまうことで、あちこちの否定的なエネルギーを受けてしまうからです。

◆不成仏霊との遭遇、ラップ音など不思議現象に遭う人

不成仏霊を見たり、ラップ音のような不思議現象によく遭遇したりする人がいます。このような人も、エネルギー感受性が非常に高い状態にあります。

ラップ音の場合、建築の不具合についても疑わなければいけませんが、建築に全く問題がないのにラップ音が響くようであれば、エネルギーを受けている可能性がきわめて高いです

ラップ音を起こすのは、幽界の存在です。ラップ音がやたらと聞こえる、不成仏霊とやたらに遭うという人は、エネルギー体、幽体が、そこの世界と同調しています。その世界とのつながりが強いと、邪気を受けやすくなるし、吸着しやすくなります。こうして、さらに外からのエネルギーを受けやすくなってしまうのです。

◆むくみが強い人

エネルギーは、水や体液に転写されやすいという性質を持っています。特に幽界や冥

界の気はかなり物質に近いため、人間の体液などに転写されてしまいます。

排泄《はいせつ》がしっかりしている人であれば、水を飲んでも尿として出すことができますが、むくみが強い人は、体液をなかなか排出できずに、否定的なエネルギーがたまりやすくなります。

中国医学では、気・血・水を1つのものとして考えます。気が滞れば血も滞り水も滞ります。それらみんなを循環させることが重要です。むくみが強い人は、現実的な血と水の流れが悪いので、気も滞ってしまうのです。

バケツの水に墨汁を入れたら真っ黒になりますが、激しい川の流れに墨汁を入れても全然濁りません。それは流れがあるからです。むくんでいる人はバケツのような状態になっているというわけです。

◆冷え性の人

冷え性の人も、基本的に排出が弱いです。気・血・水がしっかりしていれば、ある程度排出できるのですが、冷え性の人は末梢《まっしょう》の血管があまり機能していません。

血管が縮小していたり、送量そのものが少なかったりします。つまり、血の流れが悪く、水の流れも悪いのです。当然、気の流れも悪くなるので、エネルギーをためやすいということになります。

冷え性の人は、末梢の血管が少ないのです。逆に、代謝が高い人は末梢の血管が多い。血管が多ければ、それだけエネルギーの流れもよくなります。

末梢血管はふやすことが可能です。有酸素運動をしただけで末梢の血管が50倍にふえます。ジョギングやウォーキングといった有酸素運動は、邪気対策に非常に有効なのです。

◆アレルギー疾患を持っている人

アレルギーの人は、一種の肉体的な知覚過敏状態にあります。これはエネルギー体情報から由来しています。つまり、エネルギー体もまた、過敏な状態にあるということです。

化学物質過敏症の人で整髪料に反応してしまう人がいます。私が知っているアレルギー体質の人はすごい能力を持っています。その人に目隠しをして、天然の野菜とヘアスプレーに触れてもらいます。すると、野菜には反応しないけれども、ヘアスプレーのときは見事にアレルギー反応が現れるのです。

敏感だということは、当然、ほかのエネルギーの影響も受けやすいということになります。

◆芸術家

芸術家と呼ばれる人は必然的にエネルギー感性にすぐれているので、邪気の影響も受けやすくなってしまいます。

◆湧泉《ゆうせん》や中心軸が弱い人

湧泉は足の裏のツボです。この湧泉と体の中心軸があるからこそ、エネルギー体を肉体の中に閉じ込めておくことができるのです。湧泉が弱かったり、体の中心軸が真っすぐでない人は、エネルギー体が常にフラフラしてしまっています。

湧泉は船の碇《いかり》のようなものです。船は港にいるとき、碇をおろすことによって安定します。もし碇がなかったら船は揺れるし、中に積んでいる荷物はほっぽり出されてしまいます。

また、体の中心軸は、凧《たこ》や風船についている糸のようなものです。凧や風船は、糸を手で持っていないと飛んでいってしまいます。湧泉も体の中心軸も、エネルギー体を安定させるために、欠かせない要素なのです。

昔のお化けのイメージには足がありませんよね。地に足がついたお化けというのは考えにくい。それは、こういうところからきているのだと思います。昔の人は、何となく感じとっていたのでしょう。

◆チャネリング・チャクラが過剰活性している人

肩甲骨のまわりはチャネリング・チャクラと呼ばれています。チャクラは力強い出力を担う機関ではありますが、同時に、入力も担っています。

どんなに体を浄化しても、5、6、7番目のチャクラやチャネリング・チャクラは幽界としっかりつながりがあるのです。チャクラが過剰活性している人は余分に開いている状態なので、幽界から否定的なエネルギーが流入してしまい、邪気をためやすくなります。

虫捕り網は、直径が大きければ大きいほど虫が捕れます。大きいほうが拾いやすいのです。チャクラも大きくなると、否定的なエネルギーがたくさん入ってきてしまいます。**チャクラをいたずらに活性化させるということは、邪気という点を考えると、あまりおすすめできません。**

◆肉を多量摂取している人

牛や豚は、食肉処理される前に殺されることがわかっており、恐怖におののいています。その恐怖が波動として肉や体液に転写され、そのまま食肉になります。それを食べると、自分のエネルギー体に恐怖のエネルギーが残ってしまいます。

今は使われていませんが、昔は歯の治療にアマルガム（水銀と他の金属との合金）が使われていました。その治療を受けた人で、時々、口の中で声が聞こえてしまう人がいます。これは、別に霊的なものではなくて、アマルガムがアンテナになってラジオの電波を拾ってしまったのです。

幻聴がひんぱんに起こり強迫神経症を疑われた人が、たまたま歯の治療をしたら治ってしまったという事例が多く見られました。これは、アマルガムが原因です。

肉という否定的なエネルギーが詰まったものを食べると、否定的なエネルギー（＝邪気＝幽界・幽体）が強まります。その結果、それがアマルガムのように受信機として働いてしまい、幽界のエネルギーを取り入れてしまうわけです。

◆動物性のタンパク質が足りない人

逆に、動物性タンパク質が足りない人も邪気を受けやすくなります。

この世は物質世界です。肉体の健康を構成するためには、気よりも物質のほうがはるかに重要です。

例えば、３週間断食したとします。水だけではフラフラになります。そこで気を入れると、その瞬間、元気になりますが、すぐもとに戻って体調が悪くなります。

その人に、波動が悪いであろうコンビニ弁当を、電子レンジで温めて食べさせたらどうでしょう。すぐに元気になります。**気よりも物質的な要素のほうが、現代の人間の肉体にとってははるかに重要なのです。**

栄養素という点で見ると、人間の健康を構成する上で最も重要なのがタンパク質です。栄養素はほかにもありますが、重要なのはタンパク質と脂肪酸とビタミンB群で、中でもそのかなめになるのが動物性タンパク質です。

タンパク質には植物性のものもありますが、大豆だとビタミンB群が少ないし、必須アミノ酸という観点からも、植物性タンパク質はあまりおすすめできません。

動物性タンパク質を食べずにいると、皮膚の密度がおちて、肉体と外界を隔てられなくなってしまいます。外のエネルギーとの親和性が上がり、余計に邪気をもらってしまうことになりかねません。

中には、天然の野菜だけ食べていれば大丈夫という人も、いるにはいます。しかし、そういう人は、非常に稀《まれ》です。一般には、動物性タンパク質を摂るのがよいでしょう。

第2章

高次波動に耐えられる体をつくる①
〜エネルギー対策の誤解〜

一気に起こるすさまじい好転反応を緩やかなものにする

読者のみなさんの中にも、すでに波動上昇による好転反応とおぼしき心身の不調を感じている人も多いことでしょう。

波動上昇がますます加速している以上、何も対策を練らないでいると、よりきつい好転反応がやってくるのは明らかです。

では、好転反応を少しでも緩やかなものにしていくにはどうすればいいのでしょうか。いろいろな方法がありますが、まず単純に、普段からエネルギーを浄化するような方略を習慣化していくこと、**要は「ためないこと」が大切です。**

部屋にたとえるとわかりやすいですが、年末に大掃除をするのは普段掃除しない、汚れをためている人です。大掃除をしない人は普段から掃除している人です。大半の人は「好転反応がつらい」と言いながら適切な方略法をとっていないので、邪気をため込んで深刻な状態になってから、何とかしなければということになるのです。

2つ目としては、マインドフルネスに代表される**「メタ認知」(自分の感情や思考などを客観視すること)をいかに強化できるかが大きなカギを握っています**。メタ認知を活用することによって、自分の肉体的精神的不安、あるいはエネルギーが排出する心身の不調を客観視することができるからです。

自分の不安や不調を客観視することによって、実際には10の痛みを感覚としては3の痛みにすることができます。そうすると、結果としてエネルギーも苦しくないほうに引っ張られてくるので、結果として好転反応が緩やかになってきます。

これらは、好転反応を緩やかなものにして、高次の波動の恩恵を受けるために最低おさえておかなければならない基本です。

「自分は普段から邪気をためないように気をつけている」という人でも、油断はできません。実はその人が採用している方法そのものが間違っていることがあるからです。その場合はやればやるほど邪気をため込んでしまうことになり、全くの逆効果です。

この章からは、多くの人に見られるエネルギーに対する誤解や、本当に効果的なエネルギー対策について、具体的にお話ししていきます。

それらと、今の自分の認識や生活習慣を照らし合わせてみてください。そして、間違ったり偏ったりしている部分があればそこを改め、必要なものを取り入れていけば、必ず効果が表れるでしょう。

ヒーラー、セラピスト、占い師、カウンセラー、霊媒師など エネルギーワークを行っている人が、精神不調で潰れていく理由

ヒーラー、セラピスト、占い師、カウンセラー、霊媒師、エネルギーワークを行っている人は、ただでさえエネルギー体が鋭敏です。それなのに、仕事としてもエネルギーを扱っていたのでは、ますますエネルギー体が敏感になってしまい、邪気をもらいやすくなります。

そのような人たちは、生来、異次元とかエネルギー体といった見えない世界に強い関心があります。だからこそ、そういった仕事についているのですが、ともすれば肉体を軽視してしまいがちです。健康に気を配っていても、**肉体の強化ではなくて、エネルギ**

ーの受信を強化するようなことをやってしまうのです。すると、肉体が絡めらとれ、ひたすらに迷ってしまいます。

また、誤ったエネルギー体強化法やエネルギー浄化法を実践していることが、多々見られます。例えば健康のために、浄化のためにと玄米菜食を実践している人がいます。すると肌色がますます悪くなっていきます。瞑想もそうです。やたら水を飲み過ぎるのもいけません。

運動や栄養摂取をおこなってからでないといけません。

そういった浄化法は、順番を間違えるとかえって邪気をためやすくなってしまいます。ヘルシーなイメージの強いマクロビオティックですが、マクロビをやると、実はかえって邪気がたまりやすくなるのです。健康法で言えば、炭水化物を減らして肉、魚、卵を食べるローカーボが最もおすすめです。

邪気対策は、どれか1つだけをやればいいということではありません。

例えば、いい家をつくるには、いい柱、いい屋根、いいドア、いい窓など、たくさんのパーツが必要です。柱だけ立てても、どうしようもありません。大半の人は、柱はつくるけれども窓はつくらない。ドアはつくるけれども屋根はつくらないという、かなり偏ったことをやっています。そんなことだから、邪気を受けてしまうのです。

単一の方法を一生懸命やって、「私はこんなに一生懸命やっているのに何で効果が出ないの?」と言っているわけですが、多角的にやらなければ意味がありません。

最も効果的なエネルギー対策とは?

効果的なエネルギー対策は、否定的なエネルギーを受けない体づくり、受けづらくするための方法、受けたときの排出方法の3つ全てをしっかりと積み上げることによって、初めて可能になります。

しかし、大半の人はこの3つが区分できていません。バラバラなのです。

受けない体づくりが必要な人が、排出方法を熱心にやっても意味がありません。

例えば、家がぼろぼろで、柱が倒壊寸前で、とてもじゃないが耐震基準を満たしていないにもかかわらず、壁紙を張り替えて「きれいになった」と喜んでいても仕方ありません。あるいは、家は頑丈でもゴミ屋敷のようになっていたら、そのゴミを片付けずに窓を二重ガラスにしたって、それは見当違いです。

しかし、エネルギー対策に関しては、多くの人がそれと同じようなことをやっています。ごちゃまぜになっているのです。

そして大半の人は、忙しいなどの理由で健康対策を後回しにしてしまいます。

結局、いくらエネルギーが大切と言ったところで、日常の生活に追われて忙しくなると、エネルギー対策はおざなりになってしまうのです。

「エネルギーの活性や浄化のためには、チャクラが最も大切」という誤解

この現実次元は、極めて特殊な周波数で構成されています。現実次元は肉体が中心です。だから、肉体を直接いじらない限りは、健康管理もエネルギー対策もできません。

チャクラが健康に多少影響を与えることはありますが、チャクラが肉体に与える影響

など、たかが知れています。

チャクラを活性化したところで栄養不足やホルモンバランスが治るでしょうか？　O脚や腰痛が改善するでしょうか？　それは、あり得ませんよね。

それ以前に、エネルギー、波動、潜在意識といったものを上手に扱うには、この章の初めに触れた**「メタ認知」とともに、入ってきた情報をキープしながら処理する「ワーキングメモリー」や、認知機能の基盤である「注意制御機能」も鍛えることが必要です。**

この3つを覚醒させることが人類の覚醒にもつながります。

実は、第三の目と言われる6番目のチャクラは、どちらかと言うと車のエンジンの役割です。いくらエンジンがよくても、ドライバーやブレーキの制御がよくなければダメです。

もちろんチャクラに関しても修業するに越したことはないのですが、これからは波動上昇によって多少ですが勝手にチャクラが開発されていきます。それに伴って運転手やタイヤ、もしくはハンドルの性能が上がっていかないと、車は暴走して壊れてしまいます。

例えば普通の運転能力しかない人がF1最高速度371キロで走ったらどうなるでしょうか？　死にますよね。

これからは誰もが371キロで運転しなければいけない世界なのに、運転技術が上がらなくてどうするんだという話です。その運転技術の核となるのが注意制御機能やメタ認知なのです。

そのハンドルや運転手に当たるものが注意制御機能、メタ認知、ワーキングメモリーなのです。それが開発されることによって初めて6番チャクラ、すなわちエネルギー体、すなわち波動、すなわちエネルギー、高次領域としてのホログラフィーを上手に扱えるようになります。当然、健康面にもよい影響が表れます。

では、メタ認知はどのように開発していくのかというと、呼吸やお腹のふくらみに意識を向けるマインドフルネスの方法でもいいし、湧き上がる感覚や思考やイメージを「○○と感じている」「○○と思っている」というふうに、客観的に実況中継していくのでもいいです。

もうひとつは、いかに特定のイメージを持ち続けられるかを訓練することも、注意制御機能を高め、メタ認知を鍛えるきわめて大きな要素になります。

特定なイメージとは、例えば霊的な点で言えば、自分が黄金のボールに包まれているところをひたすら想像し続けるといいでしょう。最初は大半の人はできなくて、いつの間にか別の思考にからめとられてしまいますが。

さらに瞑想中だけやるというのでなく、あくまでも日常生活の中でそのイメージを持続できることが重要です。それができて初めてメタ認知や注意制御機能が発達するし、同時にエネルギー体がきわめて安定した状態になります。

「波動を上げれば否定的エネルギーを受けないだろう」という誤解

この現実はあまりにも変質してしまった周波数でできています。つまり本質が通用しない世界です。よいエネルギー存在は、現実次元においてはきわめて影響を与えづらいのです。よいエネルギーをいくら取り込もうとしても、なかなか取り込むことはできません。仮に多少取り込めたとしても、残念ながら、あまり効果が表れないのです。

例えば、2つの方法で人に影響を与えるとします。1つ目が手をたたくことによる波動、2つ目が強い気です。どちらのほうが影響が大きいでしょうか？

エネルギーの質としては、当然、気のほうがいいのですが、影響を大きく与えるのは手をたたくことによる波動です。

〝よい気〟はとても重要ですが、現実次元においては無力な存在でもあることを認識しておきましょう。

前述したように、3週間絶食している人によい気を入れたところで、その人は決して元気にはなりません。エネルギーとしてはよくないとされる電子レンジにかけたコンビニ弁当を食べさせたほうが、むしろ元気になります。

この現実世界においては、物質のほうがはるかに影響力が強いのです。よいエネルギーは、ものすごく大量であれば効果がありますが、そうでなければほとんど効果がありりません。

なぜかと言うと、**この現実には否定的なエネルギーが圧倒的に多いからです**。よいものをちょっとやそっと取り入れたぐらいでは、ほとんど意味がないのです。

悪臭が漂う空間にアロマオイルを焚《た》いても、効果はありませんよね。

よいエネルギーであっても、少量では、全く意味がないのです。

「エネルギー体を直接活性化させれば浄化ができる」という考えは誤解です。

肉体が全てを決めるのです。

ホログラフィーの仕組みとしては、ホログラフィーが肉体を決めるのですが、現実には、肉体という結果がエネルギー体を決めるという逆転した現象が出てくるのです。

肉体を鍛えなければどうにもなりません。

例えば、姿勢がよくない人のエネルギー体を活性化させたところで、姿勢がよくなるわけではありません。姿勢が悪いままだと、内臓は圧迫されたままです。内臓が圧迫され続けることで、その人の体調は悪くなり、しだいにエネルギー体にも影響を与えるようになります。

大量に気を入力したからといって、その人のO脚は治りません。嚙《か》み合わせの悪さも治りません。

肉体を強化しなければ、否定的なエネルギーをそのままもらってしまいます。

エネルギー体だけを活性化させると、肉体からはみ出してしまうからです。エネルギー体が肉体からはみ出すと、否定的なエネルギーを吸着してしまうことになります。

例えば、放射線を防ぐ鉛のエプロンよりも体が太ってしまったら、放射線をモロに受けてしまいますよね。消防士がやたらに太って消防服から腹が出てしまったら、消火活動のとき大やけどしてしまうでしょう。エネルギー体が肉体からはみ出すというのは、それと同じことです。

エネルギー体だけ活性化するのは、とても危険な作業なのです。

エネルギー体の波動を上げていけばいくほど、否定的なエネルギーは受けづらくなると思っている人が多いようですが、これは大きな誤解です。エネルギー体の波動を上げていけば、もちろん感度は高くなりますが、だからといって、別に出力が上がるわけではありません。

アストラル体、メンタル体、コーザル体を活性化すると、同時に、幽体やエーテル体というエネルギー体も活性化されてしまうので、よくないエネルギーを吸着してしまうことになるのです。

そのとき、アストラル体、メンタル体、コーザル体から肯定的なエネルギーが出ていれば、吸着したよくないエネルギーを消去することが可能ですが、残念ながら、エネルギー体を活性化しても出力がふえるわけではないので、邪気をより一層受けやすくなってしまうだけなのです。

一番高い波動は白光とされています。白という色は、とても染まりやすいですよね。エネルギー体においても、それは同じです。きれいなエネルギーの人ほど、邪気にやられやすいということです。

スピリチュアルのことを全く知らず、自己中心的にイケイケドンドンで活動している人のほうが、かえって元気があったりします。現実次元においては、単にエネルギーが高ければいいというわけにはいかないのです。

「現代はストレス社会」という誤解

よく言われる「現代はストレス社会」というのは間違いです。現代ほどストレスのない時代は、歴史上ありません。

人類史が始まって以来、人間は飢餓と殺し合いしか体験していませんでした。一部の人たちが飢餓から解放されるようになったのは、ほんのここ数十年にすぎません。

現代人にストレスがたまるのは、フェイスブックの義理「いいね」押しが面倒だとか、ＬＩＮＥが既読になっても返事がこないだとか、そんなところが原因です。そんなことと飢餓や殺し合いと、どちらのほうがストレスがかかるでしょうか。

現代というのは、ストレス社会ではなくて、ストレスがなさ過ぎる社会なのです。

そのために勝手に体が暴走して、ストレスがあると勘違いしてしまっているのです。

現代人は基本的にあまり動きません。階段は上らないし、エアコンを使います。そうすると、基礎代謝がどんどん下がっていきます。すると、脳の血流量が極端に落ち、前頭葉の機能が下がります。こうなると、感情をつかさどる扁桃核《へんとうかく》が暴走して、CRFというストレスホルモンが大量に分泌されるのです。

こうして、現代人は常にイライラしてしまいます。このイライラしているという結果だけを見て「ストレス社会だ」と言っているわけです。

しかし実際には、社会はストレスフルなのではなく、むしろ無痛社会とも言うべき、平和で安定した状態なのです。人々はこの無痛社会の中でリラックスし過ぎているから、基礎代謝が下がり、血流量が落ちて、扁桃核が暴走し、結果としてストレスを感じているだけで、ストレスなんて本当はどこにもありません。

基礎代謝が下がる一方のところに、さらにリラックスしようとしたら、より一層基礎代謝が下がってしまいます。すると、体の流れが悪くなって、さらに邪気をため込んでしまうのです。

しかし、現代人はストレスをためないように無理しないことが大切だと思っています。

浜辺でリラックスして、ヒーリングミュージックを聞いて、アロマを焚いて……その結果、代謝は下がりに下がり、ますます邪気がたまっていくのです。

人類史と照らし合わせてみてください。現代人はこれ以上、リラックスしてはいけないのです。

根幹から考え方が間違っています。

よいエネルギーは、現実次元においてほとんど力を持たない

よいエネルギーは、活用できるのであれば活用するにこしたことはありません。

しかし、よいエネルギーはこの現実次元からあまりにも遠くかけ離れたところにあるため、取り出すのが非常に難しく、それを活用するのはほとんど不可能です。

繰り返しますが、この世は、否定的なエネルギーのほうが圧倒的に多い状態です。

その中に、よいエネルギーをちょっと入れたところで焼け石に水です。

真っ黒な墨汁でいっぱいのバスタブにコップ１杯の透明な水を入れたところで、何も

変化はありませんよね。それと同じことです。

「気で人を飛ばすような力強いエネルギーは素晴らしい」という誤解

大半の人は、力強いエネルギーがよいエネルギーだと勘違いしています。

27ページの図のように、地球（物質次元）—幽界—冥界という構造がありますが、力強いエネルギーの大半は冥界のエネルギーです。

このエネルギーの法則を生かせば、現人神《あらひとがみ》と言われるような能力を簡単に発揮することができます。スプーン曲げや、物品移動、瞬間的な病気治しも可能です。しかし、これらは冥界のエネルギーを使った超常現象なので、副作用がとても大きいのです。

気で人を吹っ飛ばすのは冥界のエネルギーです。相手に気を送って、「ボールを感じるでしょう」と言う。「力強い。すごいですね」と言われて気功家は喜んでいますが、あれは冥界のエネルギーだから感じやすく、力強いだけなのです。

力強いエネルギーをありがたがるのは、あまり感心しません。

しょせんは冥界のエネルギーですから、いずれ何らかの副作用が出てしまうでしょう。

エネルギーの質を上げたければ、力強さはあきらめよう

霊的に言うエネルギー、もしくは気というものは、まずワームホールがつくられ、非物質次元からエネルギーをとってくる形で、この現実次元で放出、展開しています。

繰り返しますが、力強いエネルギーというのは、冥界のエネルギーです。

一方、アストラル体、メンタル体、コーザル体、あの世という高次領域のエネルギーは大変遠いため、現実次元で力強く感じることはありません。極めて微細なものなのです。

力強いエネルギーを得たければ冥界に焦点を合わせることになるので、質は一切上がっていきません。

男性に多いのですが、力強さを質だと勘違いして、一生懸命そこを強化しようとする人がいます。その結果、力強さを求めたエネルギー瞑想をして、邪気をためるという本

末転倒なことをやってしまうのです。

エネルギーに対する理解を、改めてください。

「力強いエネルギー＝質の悪いエネルギー」だと思うぐらいでちょうどいいのです。

本当は、高次領域のエネルギーのほうが爆発的に力強いのですが、現実次元とはあまりに遠く離れているため、どうしても現実次元への影響力は弱くなってしまうのです。

高次領域のエネルギーは極めて弱いものだと認識して差し支えありません。

エネルギーへの対策法は、複合的でなければならない

人の体がエネルギー体だけで構成されているのであれば、「私は否定的なエネルギーを受けない」と思うだけで済みます。しかし我々人間は、肉体という小宇宙を抱えてしまっているため、対策は複雑になります。

例えば、建物が非物質次元のエネルギーであれば、「頑丈な家よ、建て」と思うだけででき上がりますが、現実世界では時間をかけて柱も、屋根も、壁も、窓も、ドアもつ

くっていかなければいけません。とにかく手間がかかります。

それと同じように、現実次元におけるエネルギー対策も、やるべきことがたくさんあるのです。

しかし、簡単に済ませようとしている人があまりにも多い。最近は特に、お手軽、簡単でないと好まれないという風潮があります。しかし残念ながら、簡単に魔法のような結果を生み出すことはできないのです。地味な積み上げが必要になります。

現実的な仕事とか人間関係で結果を出そうとしたら、コツコツ努力するのが結局は一番の近道ですよね。エネルギー体についても、同じことが言えるのです。

エネルギー対策は、人間総合学習・開発である

この現実次元においては、肉体に強い制約がなされています。

我々人間とは、どんな要素で構成されているでしょうか?

肉体、思考、感情、行動、認知、環境、知識と、多岐にわたっています。しかも、人

間は基本的にこれらの一つ一つが全て大きく乱れた状態に置かれているのです。

本質としては人は神そのものですが、現実においては獣以外の何物でもありません。

これは人類史を見れば明らかです。人間は歴史上、殺し合いばかりしてきました。

世界史とは、〝ユーラシア大陸の殺し合いという名のバカ騒ぎ〟にすぎません。「昔はよかった」とボヤく年寄りがいますが、一体どこを見て言っているのでしょうか。

球技の愛好者には申しわけありませんが、球技のルーツとは、殺し合いを知性によって洗練させたものです。だからこそ、世界中で大の大人がサッカーや野球に熱中できるのです。人は基本的に殺し合いを求めています。これほど野蛮な生き物はありません。

現実世界でもテレビゲームでもいいのですが、例えば格闘技で一切の攻撃を禁止して、そのかわり、ひたすらハグし合うというルールに変更したら皆さんはどう思われますか。

そんなもの、誰もやりたくも見たくもありませんよね。

しかし、本来、人間が目指すものはこちらのはずです。

でも、これをつまらないと言って、殺し合っているほうを楽しいと思う。人がいかに獣であるかという証拠です。

この野蛮な性質を持っているため、何も努力せずほったらかしにしておくと、肉体も、知識も、感情も、思いも、人間関係も、めちゃくちゃな状態になってしまいます。

人はどこまでも怠惰で、野蛮な獣にすぎないということを認識しておきましょう。

肉体を抱え持ってしまっている私たちは、肉体を一つ一つ是正して、初めてエネルギー対策が可能になります。そのためには総合的に学習し、開発することが必要なのです。肉体を健康にするための健康学、否定的な思考に陥らないための思考法、否定的な感情を減らすための認知学、中心軸をつくるためのボディーワーク、熟睡するための睡眠法、エネルギーの性質を正しく知るための物理学、人間の獣としての本能や特性を知るための進化論、歴史学、エネルギー体をある程度的確に把握するための神智学、高い行動力を促すための応用行動分析学。これら全てを学習して初めて人はまともになれるし、エネルギーの対策ができるようになるのです。

エネルギー対策は、人間総合学習であり、人間総合開発です。

何か一つを頑張ればいいという話ではありません。

僕からもいろいろな方法をお伝えしますが、それが全てではありません。申しわけないのですが、これでもごくごく一部なのです。

注意制御機能を高めてエネルギー過敏を軽減する

エネルギーに対して過敏な状態を改善するには、チャクラについての話でも触れた、注意制御機能を高めるのが効果的です。

注意とは、簡単に言えば意識を注ぐ行為ですが、大きくは3つの機能に分かれます。1つ目は、まず対象になっているものに対して注意を向ける集中力、2つ目は注意の転換です。新たに注意を向ける対象が出たときに、いま注意を向けている対象から、前者へ切り替える行為のことです。3つ目は注意の分配と言いますが、目の前の人と時計とテレビというように、複数の対象に同時に注意の分配をすることです。

では、これらの能力を高めることが、どうやってエネルギー過敏の軽減に結びつくのでしょうか。

例えば、体自体は別に悪くないのに慢性痛に悩まされている人がいます。それは扁桃核が痛みの情報を視床下部に送っているためですが、痛みから注意をそらすことができなくなって、さらに扁桃核が視床下部に痛みの情報を送ってという悪循環に陥っているのです。

同様に、「私はエネルギーに過敏で」と言っている人は、エネルギーに対して悪い意味で否定的な注意がかけられているし、よくないエネルギーをもらってしまった感覚に対して、全部の注意がそっちに向いてしまっている。結果として脳がどんどんミスリードするので、過敏がどうにもならない状態になってしまっています。

実際、音に対して過敏な人はもともと知覚神経にたけているところがありますが、そこで音に注意を向けているので、当然より感度が鋭くなってしまい、入り込んでくるし、共鳴するから音やエネルギーが入ってくる量も増えるわけです。

僕がそういう人から相談を受けたときは、慢性の痛みを軽減する一つの方法として、外を出歩いてもらいます。ただ歩くのではなく、なるべく横断歩道を探して、横断歩道の白い所だけを上手に渡ってくださいと指示します。そうするとその白い部分に注意が向くからです。そういう訓練をすることによって、痛みに集中している状態から抜け出すことができます。

例えば、「お化けが怖い」と言ってお化けに注意を向けている人は、波動共鳴が起きるので間違いなくお化けに共鳴しています。相手の邪気が怖いと言っている人は、相手の邪気を全力で注視しているので、そこで波動共鳴が起こります。

しかも、ちょっとでももらって軽く頭が痛くなったりするとそこに注意が向くので、「私はエネルギーをもらって頭が痛くなった」と思い、すでにもらうのをやめたにもかかわらず、倍々になって悪化していきます。

要するに、注意を病的な方向に向ければ病んでいくのです。そもそも、「自分は過敏だ」「自分は邪気を受けやすい」と言っている人は、注意制御機能が病んでいる、否定的な方向に向かっているので、結果としてそうした要素ばかり探して波動共鳴が起こる、それによって変調をきたした感覚・心身に注意を向けるので倍加されていく、立ち行かなくなる……という悪循環が起きています。

注意制御機能を自在に操れるようになって、病的、否定的な方向に向かないようにできれば、ずいぶん楽になるのではないかと思います。

消化の負荷を減らすことがエネルギー排出のかなめになる

エネルギー排出に関しては、体内で働く酵素が関係してきます。

現実次元において、人間の体を動かすためには酵素が重要です。酵素がちゃんと機能していれば、体が動いて健康になり、エネルギー対策の一翼を担います。

ところで酵素にはおもしろい特徴があります。例えば、ケガをしたとします。その傷を治すために、酵素は傷の部位に集中します。すると、ほかのところでの酵素の働きは弱くなるのです。つまり、ほかのところの機能は落ちてしまいます。

酵素は体のあらゆるところで働いています。ケガや病気で酵素を集中的に使ってしまうと、他の部位では酵素の働きが弱ってしまうのです。なので、酵素はなるべくムダ使いしないようにしましょう。

酵素を最も消費する行為とは、食べることです。消化に対して莫大な酵素が使われてしまいます。だから、大食いしたり、あまり嚙まずにものを食べると、消化するために体中の酵素が集中してしまいます。健康を維持するため、あるいは病気を治すために必要な酵素としての働きがなくなってしまうのです。

断食したら病気が治ったという話をよく聞きます。もちろん断食で病気を治そうと思ったら、いろんな条件が必要なのですが、これはつまり、消化に酵素を使わなくなったから、今まで消化に使われていた大量の酵素を病気の治癒に使えるようになったということです。

消化の負荷を減らせば、酵素のムダ使いがなくなります。結果として肉体が強化され、エネルギー体が強化されるということです。

コアラやナマケモノは、1日20時間以上寝ています。これは、消化に大きな負荷がかかっているからです。コアラが食べるユーカリの葉には油がたくさん入っています。アロマでは有益な作用があるユーカリオイルですが、同時に、極めて強い毒性を持っています。それを肝臓などで無毒化して消化するためには、多くの酵素を使います。となると、酵素はほかで機能しません。だから、寝ているしかないのです。

ナマケモノも、ある種の毒性の強い植物ばかり食べています。それを解毒するために酵素が集中してしまい、ほかの部位で酵素を使えないから睡眠時間が長くなるのです。

消化に負荷をかけてしまうと、全身がだるくなり、何もやる気が起きなくなります。

もちろん、これだけ肉体に負担がかかれば、エネルギー体も脆弱《ぜいじゃく》なものになってしまいます。

間違った瞑想は否定的な波動を呼び寄せる

読者のみなさんの中には、日々の習慣に瞑想を組み込んでいる人も少なくないでしょう。

それが悪いとは言いませんが、正しい瞑想には条件が2つあります。

1つ目は注意制御機能がかなり改善している状態で行うこと。2つ目としては、その瞑想が、注意制御機能が改善するための瞑想になっているということです（マインドフルネスは悪くないですが、静と動の使い分けをしたほうがいいでしょう）。

でも、この2つができてない人が非常に多いです。

注意制御機能が乱れたままで過去のことを思い浮かべると、否定的なことで頭がいっぱいになってしまいますが、これは、瞑想がうまくできない人に雑念がどんどん湧いてきて、かえって精神的に悪化するのと一緒です。

ですから、瞑想をする前に注意制御機能の改善が必要なのですが、それを知らない人がほとんどです。

目を閉じて行うのもかえって雑念が湧く要因になっています。目を開けているより閉じているほうが、脳に対しての刺激が少ないので、よけいあれこれ考え続けてしまうのです。もしそれが否定的な想像であれば、想像イコール波動なので、おかしな波動におかしな波動が共鳴することになります。

課題と無関係な方向に思考がそれていくことを、認知心理学では「課題無関連思考」と言い、それを改善するのにマインドフルネスを実践すると有効とされているのですが、あまりに強い課題無関連思考を持っている人は、まず注意制御機能を開発するのが先決です。そうでないと、かえって悪化すると言われています。

自分を見つめたい人の多くは、積極的に瞑想をやります。結果としてやたらと過去を見つめて記憶を再現してしまうので、トラウマがある場合はそれが再生産されてしまいます。同時に、日中から動かなくなってしまうのでドーパミン活性も行われなくなって、やる気がなくなってウツウツとする。ウツウツとするから自分を見つめて、それによってトラウマが発生して……という悪循環に陥ってしまいます。瞑想をやったためにウツに陥った人は、今までも山ほどいたはずです。

付け加えておくと、オーラ浄化のための瞑想だとしても、それ自体はよくても、あまり一生懸命浄化してしまうと悪い意味でエネルギーが吸着しやすいところがあります。

例えば、悪いエネルギーを持っている人は他人の悪いエネルギーを吸うかというと、あまり想像できませんね。でも、オーラが浄化されて非常にきれいなエネルギーを持っていると、逆に否定的なエネルギーを吸うことになるので、立ち行かなくなってしまいます。そこでしんどくなるけれど、浄化をやった瞬間は楽になるので、結果としてオーラ浄化に励んでより吸着しやすくなるという悪循環が、ここでも起きてしまいます。

私の知る範囲でも、瞑想で心身に変調をきたした人がたくさんいます。

瞑想は決して安易にやってよいものではありません。

まず、自分がどんなことに注意を向けがちなのか、注意を向ける方向をコントロールできているかどうかを自覚し、注意制御機能を磨いてから取り組むことが必要です。そして、やり過ぎないようにしてください。

瞑想で本当に効果を得るには、しっかりとした体づくりも欠かせません。

それについては第3章で詳しくお話しします。

第3章

高次波動に耐えられる体をつくる②
～誤った生活習慣や一般常識のウソを知る～

体の感覚に従ってはいけない

人間の防衛本能にとって最大の使命とは、飢餓を回避することです。現代人には信じられないかもしれませんが、これまでの長い歴史の中で、最も優先されてきたのが飢餓の回避なのです。

飢餓から脱出できたのはほんのここ30〜40年の話で、これは人類史上の奇跡です。ムー大陸などの高度な文明があったとかなかったとかいう話は置いておいて、人間にとっては飢餓を回避することが最大の関心事だったのです。

そのためには、なるべく体を動かさないことが重要です。動いたらカロリーを消費してしまうので、余計に食べなければいけません。人の体には、このなるべく動かないようにしてカロリーを節約するという習性が刻み込まれています。だから、現代人も運動が嫌いなのです。

では、運動をしなくてもいいのでしょうか。当然、そんなことはありません。

運動を全くしなければ、体を壊してしまいます。

しかし、現代人の体にとって大切なことの大半は防衛本能によって邪魔されてしまうため、体にいいことをなかなかやれないのです。

よくスピリチュアルの世界では「頭で考えるのではなく、体の感覚に従いましょう」などと言います。しかし、体の感覚に従ったら、ダラダラと怠けてしまい、運動不足で体がおかしくなってしまいます。

人間の体内時計は25時間リズムです。体のリズムで言えば、実際の1日よりも1時間長くその日が続くわけです。だから、ほうっておいたら必ず夜更かしをします。

あしたからゴールデンウィーク、10連休で一切予定がありません。暇です。そういう状態のとき、早く寝ようと思う人は、まずいません。たいていは、遅くまで起きてしまいます。それは、体が25時間リズムだからです。寝るのは深夜2時、3時、4時、となってしまいます。

25時間リズムに合わせていたら、睡眠不足のもとです。体内時計という体の感覚に任せてはいけません。

反射速度は別として、筋肉を太く強くすることについては、何歳からでも可能です。栄養と関節に問題がないという条件をクリアしていれば、ヒョロヒョロの70歳のお年寄りにウエートトレーニングをさせて、2年後ムキムキにすることだってできるのです。

脳は、組成としては脂肪そのものですが、その性質は筋肉に酷似しています。

よく「記憶力が落ちた」と言いますが、あれは単純に、使っていないから弱っただけです。

「頭ならいつも使っているよ」と思うかもしれませんが、頭を使うのと記憶力を使うのとは違います。人は、よほど特殊な環境でない限り、入社して3年目までしか記憶力を使いません。あとは全部思考力でまかなえます。だから、どんどん記憶力が衰えていってしまう。それだけの話なのです。

年だからというのは間違いです。使わない筋肉が衰えてしまうように、使わない記憶力も衰えてしまいます。

それを予防するためには、徹底的に記憶しておくことです。そうすれば、記憶力が強くたくましくなっていきます。

実は、記憶することは、カロリーを最も消費する行為です。脳の重さは体重の1・5%しかないにもかかわらず、カロリー消費は20～30%も占めています。

そして、数多い脳の働きの中でも、記憶というのは群を抜いてカロリーを消費してしまうのです。そのため防衛本能が、「ヤバイ、これでは飢えてしまう。記憶してはいけない」と危機を察知し、なるべく記憶しないように働いてしまうのです。

人間は「意識的に記憶する」という努力をしていないと、脳が衰えていって、認知症になってしまいます。こういう意味でも、体の感覚に従ってはいけません。

一般的な健康づくりの概念のウソを知る

一般的に健康によいと言われていることがたくさんありますが、実際はどうなのでしようか。次にいくつか挙げてみましょう。

瞑想には基礎代謝を下げる作用がある

瞑想を行うとエネルギー体が軽くなって、感度が上がることは事実です。しかしエネルギーの出力量が上がるわけではないので、外界のエネルギーをムダに吸着してしまいます。結果として、邪気をため込みやすい体になります。

瞑想を行うことで、直観力が上がり、チャネリングできるようになった人はたくさんいますが、気の放出が強くなった人はほとんどいません。**入力ばかりで出力ができないということは、エネルギーをため込む一方だということです。**

また、瞑想中にイメージを受け取ったり、遠隔透視ができたという人はいますが、気功をやっているときにそれができる人はほとんどいません。これは、気功は出力、瞑想は入力だということを示しています。

現代人はストレスがたまっているからではなく、基礎代謝が下がりに下がっているから元気をなくしているということを、前章で述べました。

瞑想には、基礎代謝を下げる作用があります。ただでさえ基礎代謝が下がっている中で瞑想をやってしまったら、基礎代謝はもっと下がります。結果として肉体が弱っていき、エネルギーをやたらと受けやすい状態になってしまうのです。

入院中に弱ってしまう人はたくさんいます。なぜかというと、ほとんど動かずにじっとしているからです。あれは一種の瞑想状態のようなものです。

瞑想好きな人には、ウツっぽい人が多い傾向があります。これは代謝が下がっているからです。「私は瞑想で穏やかになりました」と言う人がいますが、そうではなくて、ウツっぽくなって元気をなくしているだけなのです。瞑想で心が安らぐというのは、単なる勘違いでしょう。

徹底的に基礎代謝を上げた状態で瞑想をするならとても有効です。しかし、文明を進化させるということは苦痛をどんどん取り除いていくという作業なので、特段の努力をしていない限り、現代人はどんどん運動しなくなり、基礎代謝は下降の一途をたどります。

先進国になればなるほど、肥満児がふえていきます。それは生活がどんどん便利で快適になり、体を動かさずに代謝が下がっていくからです。そんな中で瞑想をするなんて、見当違いも甚だしいことです。

栄養が満ち足りていて、理想の体型を手に入れている人がしっかり運動をしたとき、初めて瞑想で効果が表れるのです。

「瞑想をするなら、農作業をたくさんしなさい」

僕はアーユルヴェーダやヨガをしませんが、インドの古典哲学でも、「瞑想をするのなら農作業をたくさんしなさい」と伝えています。

これは、働くことで「世の中に奉仕しなさい」という意味ではなく、力作業で「代謝を上げなさい」という意味なのです。ウツを予防する太古の知恵だと言えるでしょう。

先人の知恵はすばらしいのですが、現代の環境では逆効果なことも多々あります。

以前、「アトピーの人には日光浴がいい」ともてはやされたことがあります。これは実際に効果が出たのですが、今、同じことをしたら、かえって悪化してしまうでしょう。

アトピーの人の間で日光浴がもてはやされたのは、1960年代の北欧でした。

昔は今ほど地表に降り注ぐ紫外線が強くなく、北欧は地域としても紫外線が弱いので、その微弱な紫外線で殺菌されて、皮膚が程よく傷つくことによってかえって活性化したのです。現代の強い紫外線では、たとえ北欧であったとしても、日光浴がアトピーに効くとは思えません。過去の知恵はすばらしいけれども、果たして現代人がいきなりやっていいのかと、疑問が残ります。

瞑想をやってもかまいませんが、それは基礎代謝がしっかりと上がってからにしてください。でも、基礎代謝がきちんと上がっている現代人なんてほとんどいませんから、「やめたほうがいいですね」としか言いようがありません。

食生活の欧米化が病気の原因なのか？

日本人に病気がふえているのは食事が欧米化しているからだと言いますが、それはとんでもない間違いです。突っ込みどころは2つあります。

まず1つ目。「食生活が西欧化してから寿命が大幅に延びた」という現実をどう説明するのでしょうか。

2つ目は、「寿命が延びれば病気はふえる」ということです。

確かに今、がんはふえています。これを欧米型の食生活のせいにする人がいますが、長生きすればがんはふえるのです。

江戸時代の平均寿命は30歳でした。寿命が30歳では、がんになっている暇がありません。若年性のがんはきわめて稀です。がんにかかるのは大体50歳以降ですから、それまで生きることができなかった時代には、がんにならなかったのです。

長生きしたからがんになっているだけであって、「食事の欧米化ががんの根幹」だというのは全くもって見当違いです。

また、「日本人の腸は長いから穀物や野菜を消化するのに向いている」と主張する人もいますが、これもトンデモ話です。

最近の研究によれば、腸の長さに人種による違いはほとんど見られず、個人差や年齢によって違いが出てくることがわかっています。身長比で言うと、草食動物は確かに長くて、人間の腸は圧倒的に短いのです。

草食動物の腸の長さは体長の10～30倍、肉食動物の腸の長さは体長の３～４倍、人間の腸の長さは身長の４～５倍です。この点からも、人間は肉食に適していることがわかります。日本人も本来、肉食なのです。

人間の歯は、犬歯でなくて、すり潰《つぶ》すための臼歯です。だから、人間は穀物や野菜を食べるべきだと言う人もいますが、実はそうではありません。人間の歯は、言葉をつかさどるために臼歯になっています。犬歯のままだと言葉を操れないのです。

人間を人間たらしめているのは言葉です。言葉が全てを進化させてきました。そのための臼歯なのです。

玄米菜食は現代人には合わない

玄米菜食を健康的な食事だと思い込んでいる人が、いまだにいます。しかし、健康のためには玄米菜食はおすすめできません。

栄養素という点から見ると、健康のかなめになるのは、9種の必須アミノ酸とビタミンB群、そして脂肪酸です。これらを摂取するためには、動物性タンパク質を摂る必要があります。玄米菜食には、それらはほとんど含まれていないのです。

誤解のないように言うと、玄米菜食が根本から間違っているというわけではありません。ただ、現実的には適用できないというだけです。

最高の食事法とは何でしょうか？　それは、かすみを食べることです。しかし、現代人がそれをやったら、みんな餓死してしまいます。

玄米菜食も基本的には正しいけれども、現実の人間には合わないのです。

昔、日本人の食事はたくさんの白米に若干の漬け物でした。だから、平均寿命は30歳だったのです。のちに、たくさんの白米と欧米化されたおかずに移行し、寿命が延びました。

しかし、今度はがんや糖尿病がふえました。次は炭水化物を減らして、肉、魚、卵を大量に摂るローカーボに変わっていきます。ローカーボがしばらく続いたら、今度は肉や卵はだんだん食べなくなって、魚と野菜中心になっていくでしょう。

しばらくしたら、その魚も食べなくなって、野菜と玄米になります。しだいに玄米も食べなくなって野菜だけになります。そして、果物だけになります。水だけになります。かすみだけになります。我々の食生活は、このような変化を遂げるでしょう。

玄米菜食はこの時代的な流れの中ではよいものですが、それはまだ先の話です。現実のことではありません。今の人間の体には合わないのです。

玄米菜食を行うことによって、エネルギー体が非常に敏感になるというのは事実です。

しかし、前述のように、エネルギー体が敏感になったからといって出力が上がるわけではないので、邪気をやたらと受けやすい体になってしまいます。

私の友人のひとりに、ジャンクフードが大好きな人がいます。ハンバーガーや缶コーヒーをよく摂っていたのですが、10年ぐらい前に半年だけマクロビオティックをやったそうです。

そうしたら直観力が異常に冴えて睡眠時間は減ったけれども、あまりにも過敏になり過ぎて、ちょっと人と会っただけで体調を崩すようになってしまいました。感度が上がっても、出力は上がらないから、邪気にやられやすくなってしまったわけです。

鋭敏な人はあまり玄米菜食をやらないほうがいいでしょう。ちょっと感度を落とすぐらいでちょうどいいのです。

間違った腹式呼吸では体に悪影響を及ぼしてしまう

腹式呼吸について私たちは大きな誤解をしています。腹式呼吸というと、お腹を大きく膨らませながら呼吸をするというイメージがあるので、息を吸い込むときにお腹を前に突き出すようにする人が多いのです。

これでは、逆に体に悪影響を及ぼします。

お腹を前に突き出す腹式呼吸では、腰を反らせるような姿勢になってしまうため、肩凝りや腰痛を引き起こします。また、この呼吸法では、深い呼吸をすることができません。

正しい腹式呼吸では、骨盤から筒のようにお腹を広げていきます。お腹の前だけではなくて、横にも後ろにも全体に空気を入れるイメージです。実際にはお腹に空気が入るわけではありませんが、筒状にお腹全体を広げることで横隔膜がしっかり下がり、肺に空気がたっぷりと入っていくのです。

オペラ歌手の発声は、この筒状にお腹を膨らませていく腹式呼吸で行っています。だからこそ、あれだけの声量が出せるのです。

この正しい腹式呼吸ができれば、より深い呼吸ができるようになるし、お腹内部のストレッチにもなり、内臓のマッサージ効果もあります。また、姿勢も自然とよくなります。

と、正しい腹式呼吸はいいことずくめなのですが、この正しい腹式呼吸ができる人はなかなかいません。そして、正しい腹式呼吸を指導できる指導者も、ほとんどいないのが現状です。

お腹を前に突き出すような間違った腹式呼吸では、かえって呼吸が浅くなるし、姿勢が悪くなって肩凝りや腰痛を引き起こしてしまいます。こんな腹式呼吸をするぐらいであれば、深い胸式呼吸をやったほうが体にはずっといいのです。

正しい胸式呼吸のやり方は第4章226ページに紹介しています。

直観力を高めたい女性は腹式呼吸をしないほうがいい

もう1つつけ加えると、直観力を高めたい女性は、腹式呼吸をしないほうがいいでしょう。腹式呼吸はもともと男性の理論です。

腹式呼吸をすると下丹田《げたんでん》が鍛えられると言います。下丹田はおへそから3センチ下、

3センチ奥と言われていますが、あれは男性の下丹田のことです。女性の下丹田はもう少し上にあります。

男性の中心がなんとなく下方にあるようなイメージがあるのは、下丹田が下にあるからです。女性の場合、なんとなく男性よりも中心が上にあるイメージですよね。この中心があまりにも上に上がってしまうと、地に足がつかずに問題ですが、下丹田が適度に上がっているからこそ、女性特有の肯定的な動きができるのです。

だからこそ、新しいものに飛びつけるし、保守的でなくて、感度がいいし、直観力もあります。男性の場合は、「何だ、それは。俺はそんなものは信じない。直観？　何も感じないじゃないか」となるのです。

女性が下丹田を探ろうとすると、女性特有のよさを失ってしまいます。長年ヨガをやっている女性は、何だか男っぽくなるというか、がさつになってしまう傾向にあります。

男性が女性寄りの中性になるのはきれいですが、女性が男寄りになるのは、少々残念な感じになってしまいます。

筒状に空気を入れる腹式呼吸ではなく、お腹を前に突き出す間違った腹式呼吸をやり続けていると、お腹がポコッと出てきてしまいます。

現代人は基本的に中心軸ができていません。その状態でお腹が前に出てきてしまったら、腰がだんだん反っていきます。つまり、腹式呼吸ができることによって、逆に姿勢が悪くなってしまうのです。これでは、内臓が圧迫されてしまいます。

この状態をキープするのはさすがにきついです。すると、胸をつり上げてバランスをとろうとします。胸をつり上げると、今度は肺を締めつけるので、胸式呼吸まで十分にできなくなってしまいます。この姿勢を続けると、脊柱起立筋《せきちゆうきりつきん》が凝り、僧帽筋《そうぼうきん》も凝り、乳突筋《にゆうとつきん》も凝り、椎骨脳底動脈《ついこつのうていどうみやく》などの太い動脈が締めつけられて脳に血液が行かなくなり、だるくなります。

結果として基礎代謝が下がり、邪気をためやすくなるのです。腹式呼吸をやればやるほど現代人は体が悪くなっていき、女性特有のやわらかさが失われ、邪気もたまってしまいます。

腹式呼吸そのものがいけないのではありません。十分に胸式呼吸ができるようになってから、初めて腹式呼吸をやるようにしたほうがいいのです。

しかし、一般的な理解としては、胸式呼吸が悪者で、腹式呼吸がすばらしいものだという認識になっているので、おかしなことになってしまうのです。

太っている人はみんなお腹が出ています。そして、たいがい腰痛を持っています。妊婦さんはみんなお腹が出っぱっていて、苦しそうです。そして、腰痛に苦しんでいます。中心軸がない人間が腹式呼吸をすると、あえてそのような状態をつくってしまうことになるのです。

神経伝達物質ビタミンB群とアミノ酸で情緒が安定する

動物性の食品には、ビタミンB群とアミノ酸が大量に含まれています。

ビタミンB群とアミノ酸は精神を安定させるかなめです。というのも、神経伝達の材料は、アミノ酸とビタミンB群を中心にできているからです。

神経伝達物質の中でも、特に情緒の安定に重要な役割を果たすのは、セロトニンという物質です。このセロトニンは、どのようにしてできるのでしょうか。

まず、脳内でLトリプトファンとナイアシン、葉酸、鉄が出会うことによって5－HTPという物質ができます。この5－HTPがビタミンB6と出会うことによってセロトニンができるわけです。

そしてさらに、セロトニンとマグネシウムが出会うことによって熟睡ホルモンであるメラトニンが生まれます。ナイアシン、葉酸、ビタミンB6というのは、ビタミンB群の一種です。

ビタミンB群をサプリメントなどで補給する場合は、ナイアシンだけ、葉酸だけ、ビタミンB6だけ、という摂り方をしてもほとんど意味がありません。**ビタミンB群として全てを複合的に摂ることによって初めて結果を出せるのです。**

肉には、ビタミンB群とアミノ酸と鉄が極めて豊富です。動物性タンパク質を摂ることによって、神経伝達が安定的に保たれて、セロトニン・システムが回復し、情緒が安定します。また、基礎代謝も回復し、気の流れがよくなります。

さらに、動物性タンパク質を摂ると、疲労やケガ、ウイルスなどによるダメージから体の組織がいち早く回復します。回復が遅れると、病気または半病気の状態になってしまいます。

半病気というのは邪気がたまっている状態で、放っておくと、さらに邪気がたまりやすくなっていきます。ビタミンB群やタンパク質は体の組織を修復するかなめなので、これらをしっかり補っていくことで、病気にならない、邪気がたまらない体をつくることができます。

肉よりも魚を積極的に食べること

適度な動物性タンパク質の摂取は非常に大切ですが、肉よりも魚を積極的に食べるようにしましょう。

動物性タンパク質を摂るとき、肉を摂り過ぎないほうがよい理由は、4つあります。

1つ目は、食肉を生産するために、環境に負荷をかけ過ぎてしまうこと。2つ目は、閉ざされた環境で飼育された牛や豚は幽界、冥界に行ってしまうので邪気の一要因になっていること。3つ目は、そういう牛や豚の肉には恐怖の感情がしみ込んでいるので、それを体に取り込むと邪気が蓄積されてしまうこと。4つ目は、肉には体に炎症を起こす作用があるということです。

前述したことと矛盾するようですが、これは事実です。あくまでも適度な摂取を心がけましょう。

また、肉を食べる際は、なるべく揚げ物は食べないようにしましょう。トンカツはおいしいけれども、高温で揚げると油が酸化し、トランス脂肪酸に変質してしまいます。衣には終末糖化産物（AGE）が大量に含まれています。これは究極の老化物質で、それを取り込んだら、体内で過度な炎症を引き起こし、機能すべきところが機能しなくなって、邪気がたまりやすくなってしまいます。

筋肉を鍛えると気を排出できない

筋肉を鍛えることは気の流れを悪くします。もちろんいけないというわけではありません。ただ、体の中心軸や動作の癖を正してから筋力トレーニングをしなければ、かえって、体を壊してしまうのです。

男性は特にダンベルやベンチプレスなどで鍛えたがります。こういったトレーニングをすれば、腕が太くなります。実は、これが肩凝りの大きな要因になっているのです。

本来、僧帽筋は腕を支えるための筋肉ではありません。首を支えるための筋肉です。しかし、現代人の大半は僧帽筋で腕を支えています。現代人の多くは、肩甲骨の可動域がとても狭くなっています。肩甲骨が柔軟に動く人は、僧帽筋を一切使わないで、肩を大きく動かすことができます。これが、正しい肩の動かし方です。肩と腕をつなぐ微細な筋肉群が発達して初めて僧帽筋と腕が分離し、正しい動きができるようになります。しかし、肩甲骨の動きが硬い人には、それができません。

その状態で腕のトレーニングをして筋肉をつけると、筋肉はとても重いので、常に買い物袋を持っているような状態になってしまいます。これでは肩が凝ってしまいます。

鍛えれば鍛えるほど肩凝りになるということです。胸式呼吸が全くできていない場合、ますますキュッと固まってしまいます。

ただでさえ脊柱起立筋が凝っている中で、僧帽筋まで固まってしまい、帯でがんじがらめにされたような息苦しさを感じるようになります。きちんと呼吸ができないため、エネルギーがつくられなくなり、代謝が下がり、いよいよ気を排出できなくなってしまいます。

筋肉そのものがいけないわけではありません。可動域が広く身体意識のしっかりした状態で筋肉をつけるのであれば、それはすばらしいことです。しかし、大半の人は体が硬く身体意識がめちゃくちゃです。その状態では、世間一般でよいとされているボディーワークをやればやるほど、ますます悪化してしまうのです。

体幹を鍛えることで内股と反り腰がひどくなる

「私はピラティスで体幹を鍛えているから大丈夫です」と言う人がいますが、実はこれも問題なのです。体幹を鍛えようとすると、骨盤から太ももにかけての腸腰筋《ちょうようきん》を鍛える作用がどうしても入ります。

現代人は腸腰筋が凝り固まっています。ほとんどの人は、この腸腰筋が伸びていません。腸腰筋のストレッチをしている人がほとんどいないからです。腸腰筋を伸ばそうと思ったら、特殊なストレッチをしなければいけません。これが、一般的にはほとんど広まっていないのです。

また、女性はほぼ全員、腸腰筋が固まっています。女性の大半は内股になっているからです。生身の女性だけでなく、女性誌などに掲載されているイラストの女性ですら、内股になっています。これは、いかに内股が一般的になってきているかを表しています。

内股になると、股関節が激しく内旋します。すると骨盤が後ろに突き出します。常に前のめりの姿勢で、腸腰筋はいつも収縮している状態です。そんな中で体幹を鍛えたら腸腰筋がさらに収縮していき、反り腰がもっとひどくなってしまいます。

当然、身体意識もめちゃくちゃになってくるし、腰痛だって起こります。

反り腰でいると、バランスをとろうとして、自然と猫背になります。

猫背だからということで「背筋を伸ばさなければ」と思ってしまうところですが、これは大間違いです。反り腰がつらいから、それをなんとかしようとして猫背になっているのに、そこだけを見て、背筋を伸ばすことで姿勢を治そうとすると、もっと腰が圧迫されて腰痛になってしまいます。胸を張ったいわゆる「いい姿勢」にするぐらいなら、まだ猫背でいたほうがましなのです。

内股を直し、腸腰筋をほぐしていない状態では、体幹を鍛えれば鍛えるほど腸腰筋が収縮し、内股と反り腰がひどくなってしまいます。

無意識のうちに邪気をため込んでしまう生活習慣

これまで挙げてきたこと以外にも、私たちがふだん当たり前のようにやっていることで、邪気をため込んでしまっているケースがかなりあります。それらを一つ一つなくしていかない限り、どんなに浄化を頑張ったところで、効果は期待できないでしょう。

これはちょうど、花粉症の季節に窓を全開にしながら掃除機をかけているような状態です。本人は一生懸命掃除をしているつもりでも、これでは一向に涙もくしゃみも止まりません。

しかも無意識の習慣になってしまっているので、何がエネルギー体にとってマイナスかということはあまり理解されていないのです。

私たちの意識を変えることよりも、1つ1つの意味を知り、可能なところから強制的に行動そのものを変えていくことが重要です。

まずは、よくない生活習慣をリストアップしてみましょう。

次に、リストアップした中から2つ選び、「今月はこの2つをやめよう」と決めます。その2つをやめることに成功したら、翌月にまた2つやめる。それを繰り返していくことです。

全部一気にやめようとするのは失敗のもと。一つ一つ、コツコツ取り組んでいくことが、結局は一番の近道なのです。

以下、よくない生活習慣を挙げていきます。

◆噛まない

動物性の食品をあまり噛まずに食べると、消化酵素が大量に消費されます。すると、酵素がほかの機能に回らなくなり、体が弱っていきます。

しかも、未消化のまま腸に届いてしまう可能性があり、そうなると異常発酵を起こします。そして、フェノール、インドール、ニトロソアミン、メチルカプタンといった有害物質が大量に発生します。それが腸で吸収され、肝臓に行きます。

肝臓ではそれらを大量の酵素で解毒しなければなりません。ますます酵素がほかで使われなくなり、さらに体が弱っていくことになってしまいます。

現代人の多くは、食事のときにしっかり噛む習慣が身についていません。それは結果として邪気をため込むことになります。

歯が悪くないのであれば、1口につき40〜50回は噛めるように癖づけしましょう。

初めのうちはじれったく感じるかもしれませんが、やっているうちになれてきます。

僕自身も、以前はものすごい早食いでした。そばは噛んだことがなかったし、カレーも1皿分食べるのに3〜4回噛むかどうか。

でも今では、1口につき50〜60回は噛めるようになりました。僕はかなりせっかちなのですが、せっかちな人間でもやろうと思えば意外とできるものです。

◆食事中の水分摂取が多い

食事中に水分を摂取すると、消化液が薄まってしまい、消化酵素をより大量に使うことになってしまいます。

◆大食い

たくさん食べれば食べるほど、消化酵素をたくさん使います。すると、酵素が体内でほかに回らない時間が長くなって、体が弱っていきます。

◆肉の摂取が多過ぎる

先ほども言いましたが、肉は健康に必要な食物です。実際、肉を食べているお年寄りは長生きしています。ただし霊的、エネルギー的に見たら、あまり摂り過ぎないほうがいいでしょう。

◆飲食で冷たいものが多い

適度なタイミングで冷たいものを摂ると、代謝が上がることがあります。しかし、いつも冷たいものばかり摂っていては、代謝が下がります。

◆炭水化物ばかり摂っている

ご飯を食べると眠くなりますよね。これは、ご飯を食べると血糖値が上がり、セロトニンが出なくなるからです。炭水化物を摂れば摂るほど、急速に、しかも長時間血糖値が上がってしまいます。するとセロトニン・システムの機能が落ち、眠くなってしまうのです。

そういうことがなくても、昼の12時から午後4時というのは眠くなる時間です。ただでさえ眠いのに、そこで炭水化物を摂ってセロトニン・システムが不全を起こしてしまったら、もう眠くて仕方なくなってしまいます。その対策の一つとして、昼間に炭水化物を摂るのをやめましょう。それだけで日中の強烈な眠気がなくなり、生産性が上がります。

炭水化物とセロトニンの関係は一時的なものではありません。炭水化物を大量に摂り続けると、セロトニンの機能がいよいよ破綻してしまいます。

セロトニンが分泌の最大を10とすると、ふだんは7～8出ていますが、炭水化物ばかり摂っていると2～3しか出なくなってしまうのです。慢性的に眠く、体がだるくなります。これはほとんどウツと同じような状態です。そうなると、やる気もなくなり、情緒不安定になります。

やる気をつかさどるのはドーパミンだと言われていますが、セロトニンがあるからこそ、初めてドーパミンが活かされるのです。つまり、炭水化物を摂っていたら、やる気が起きないということになります。

以前、「白砂糖が切れる子どもをつくる」と言われたことがありました。これは、血糖値異常になるからです。すると、それを是正しようとして攻撃性をつかさどるホルモンのアドレナリンやノルアドレナリンが大量に分泌されます。こうして、常にカリカリ、イライラした状態になってしまうのです。

セロトニン・システムが破綻してしまうから、異常行動に出るわけです。実際にマウスの実験で、セロトニン・システムを壊したマウスをほかのマウスと一緒にすると、共食いしようとするという結果が出ています。それほど攻撃性が強くなるのです。

摂食障がい、特に拒食症の人は、完全に元気がなくなる前に、攻撃的な異常行動に出るケースが多く見られます。今まであんなにおとなしくて素直な子だったのに、突然親に刃物を突きつけたなどという事件がたまにニュースになりますが、あれはセロトニン・システムの破綻《はたん》によるケースが多いだろうと思っています。

それほどセロトニンは重要です、そしてそれを破綻させる最大の要因は、炭水化物です。炭水化物の摂り過ぎには、本当に気をつけてください。

ただ、炭水化物が体に合っている人も、中にはいます。最近話題になっている副腎疲労を起こしている人は、炭水化物をいきなり排除すると、かえって副腎が疲労して体がだるくなってしまいます。

このような場合はタンパク質をしっかり摂りつつ、炭水化物もある程度摂ることが重要です。そうでない限りは、炭水化物は可能な範囲で抜くにこしたことはありません。

炭水化物を抜いたほうがよいもう1つの理由として、基礎代謝のかなめであるビタミンB群との関係が挙げられます。

炭水化物を分解するとき、ビタミンB群が大量に消費されます。炭水化物には、基本的に栄養が糖しかありません。炭水化物をたくさん摂っても、ほかの大事な栄養素は摂れないのです。しかも、ビタミンB群を大量に消費します。

結果として代謝が下がり、邪気がたまりやすくなってしまいます。

◆野菜ばかり摂っている

野菜を摂るのは重要ですが、野菜だけでは最低限必要とされるビタミンB群、必須脂肪酸、タンパク質を摂ることは難しいでしょう。

◆大量に果物を食べる

果物は、食べ過ぎると体を冷やします。

否定的なエネルギー的存在というのは基本的に冷たい性質を持っているので、体を冷やすとそれらと同調しやすくなります。果糖は砂糖より体にいいというイメージがありますが、それは大間違いです。

果糖というのは脂肪肝を最も効率的につくってしまう糖で、摂り過ぎると白砂糖よりもずっと脂肪肝になりやすいのです。

また果糖は、体の炎症を最も引き起こしやすい糖です。炎症が起こると、炎症を消すために酵素が大出動することになります。その結果、機能しなければいけないところに酵素が回らなくなり、機能低下、代謝低下、循環低下が起こって邪気がたまりやすくなります。

果糖はインスリン支配を一切受けません。インスリンがなくても細胞のミトコンドリアに取り込まれるという不思議な特性があるのです。これだけ考えると、インスリンというのは老化ホルモンでもあるので、いいことのように思うかもしれません。

しかし、インスリンが出ないということは、血糖値コントロールができなくなるということなので、低血糖症を引き起こす可能性があるのです。

さらに、果糖はセロトニン・システムを破綻させてしまいます。その結果、ウツや情緒不安定を引き起こすのです。

病院にお見舞いに行くときに果物を持っていく人がいますが、低栄養の病院食を食べさせられているところに果糖を摂ると、逆に治りにくくなってしまうので、やめたほうがいいでしょう。

◆猫背

僕は「現代人は猫背になってバランスをとっているんですよ」という発言をよくするので、誤解している人が多いのですが、僕は猫背がいいとは一言も言っていません。

猫背は呼吸を締めつけてしまいます。そうすると酸素不足になってしまい、代謝が上がりません。

◆下向きの姿勢

スマホやパソコン画面を見るために下ばかり向いていると、肩が凝ってしまいます。

また、椎骨脳底動脈循環不全症候群を起こして、脳に血液が行かなくなり、脳が血流不足になります。すると、ウツっぽくなり、いよいよ体全体の代謝が落ちてしまい、邪気をため込みやすくなるのです。

しかも、ウツになると情緒がとても不安定になるので、否定的な想念をまき散らしてしまいます。その結果、変なものを呼び寄せてしまうのです。

◆歩かない

歩かなければ、代謝が下がってしまいます。しかし、ただ歩けばいいという話ではありません。正しい体の使い方で歩くことが重要です。

今の日本人の多くは内股で、股関節が内旋しています。この内股内旋の状態で歩くと、かえって体は悪くなってしまいます。正しい体の使い方を覚え、その上でしっかり歩くようにしましょう。

◆家や会社にこもってばかり

人間の脳はあまりにも肥大してしまったため、常に外に刺激を求めています。

私たちがなかなか集中できないのはなぜかというと、1点だけを見つめていると刺激が足りず、苦痛を感じて、脳がほかの刺激を求めるからです。これが集中できない原因です。人間は本能上、あるいは生理的に集中できないようになっているのです。

どんなに美しい桜であっても、それだけを見つめていたら飽きてしまいます。

人は刺激を受けることで活性化するものです。

同じ場所にとどまっていては、刺激がなくなってしまいます。すると、脳がどんどん使われない状態になっていき、脳の血流が落ちて、ウツっぽくなり、代謝が落ちてしまうのです。

育児ノイローゼの人は、もちろん子育てが大変だからという理由もあるでしょうが、ずっと家の中にいるから刺激がなくなってしまうというのも、大きな原因の一つです。

◆換気をしない

邪気は霊的な存在ですが、現実的な環境に大きく左右されます。

たとえ、邪気がたまったとしても、換気をすれば、大半のものは抜けていきます。逆に換気をしないでいると、ずっとたまり続けてしまいます。

窓をあけないと空気がよどむといいます。これがワーム状態です。台風が過ぎ去った後は、物が壊れたりはしますが、どこかすっきりとした雰囲気が漂います。あれは、大規模な換気をしたということなのです。

◆パソコン、スマホ、テレビの視聴時間が長い

パソコン、スマホ、テレビなどの視聴時間が長いと、脳の血流が大きく低下してしまいます。パソコン、テレビ、スマホというのは、脳を興奮させながら血流量を下げるという不思議な機械なのです。

「私は、いつも会社でパソコンを前にあれこれ考えごとをしているんです」と言う人がいますが、これは非常に効率が悪い。

確かに企画書をつくるとか、難しい経理の計算をするといったことは、知的な作業です。しかし、パソコンを使っている限り、脳の血流は一向に上がりません。

実際にそういった知的作業をパソコンでしている人の脳の血流をはかってみると、ものの見事に低いのです。この状態では、代謝が下がり、邪気がたまりやすくなります。パソコンやスマホでの脳トレは、100ます計算や音読ならいいのですが、パズルやシューティングゲームでは、ほとんど意味がありません。それどころか、代謝がさらに下がってしまいます。

◆汗をかかない

汗をかかない人は代謝が下がります。汗によって老廃物が体外に排出されるわけですが、その老廃物に邪気が乗っているのです。

また、水分が入れかわるという観点からも、邪気の排出が期待できます。

◆湯船につからない

湯船につかることによって汗をかくし、また、ヒートショックプロテインが大量に発生します。ヒートショックプロテインはとても有益なタンパク質で、自分の体内の不調を速やかに修復してくれます。

シャワーだけですませてしまうと、ヒートショックプロテインを得られずに、代謝が下がって邪気がたまります。

湯船につかることを勧めると、半身浴をする人がいるのですが、半身浴はかえって体を冷やしてしまうことがあります。

半身浴をすると、確かに血管は大きく開きます。そこまではいいのですが、その血管が開きっ放しなのが問題です。手や足はラジエーターのような役割を果たしています。手や足は血管が体表近くを通っており、また、表面積も大きいため、そこを通る血液は温度が下がっていきます。血管が開いたままだと、手足をどんどん血液が通り、冷やされた血液が体中をめぐって、体が冷えてしまうというわけです。

湯冷めするというのは、こういうことです。なので、半身浴をした後には、さっと水をかぶるようにしましょう。それによって毛細血管がキュッと締まります。すると、いつまでも流れがよくて温かい状態が続きます。真冬でも入浴の最後には水をかぶったほうがいいのです。

足湯の場合も同じです。足湯で血管が開いても、開きっ放しでは足が冷えてしまいます。ですから、足湯をした5分ぐらい後に、10秒でいいから氷バケツに足を入れましょう。血管がキュッと締まって、かえって温かさが長もちします。

とはいえ、現代人は温まり過ぎです。室内が温度調整されているため、自分で体温を上げる必要がなく、代謝が下がっているのです。足湯をするなら、足は温めるけれども、上半身は裸で外気にさらすなどしたほうが刺激となって、結果的に体が温かくなります。ただ温めればいいというわけではありません。

靴下を何枚も重ねてはく健康法があるようですが、そんなことではますます発熱する力が弱まってしまいます。

◆あまり水を飲まない

水を飲まなければ、排泄がスムーズにできずに、邪気がたまりやすくなります。

◆やわらかい布団で寝ている

やわらかい布団は気持ちがよいですが、寝ているときはお尻が一番重いので、お尻が沈んでしまいます。その体勢で眠っていると、腰痛になりがちです。腰痛を起こすと体をあまり動かさなくなるため、気の流れも滞ってしまいます。

◆利き手ばかり使っている

利き手ばかり使っていると、筋肉の発達が左右で偏ってしまい、体癖《たいへき》が乱れてしまいます。体癖が乱れると、気の流れも大きく乱れてしまいます。

◆文句や愚痴が多い

文句や愚痴が多いということは、常に否定的な思考や感情に支配されているということです。それらは想念として飛んで、また自分に返ってきます。これを繰り返していると、どんどん邪気がたまりやすくなっていきます。

◆過去、未来について否定的なことばかり考える

過去のいやなこと、否定的なことを思っているときは、それに見合った不健康な想念が出ています。不健康な想念が出ていると、同じような邪気を引き寄せて、自分に返ってきてしまいます。

◆否定的な言葉が多い

言葉＝言霊《ことだま》＝音霊《おとだま》＝音＝波動＝エネルギー＝気です。
自分が発した言葉（＝気）は、必ず自分に返ってきます。

◆座りっ放し、寝っ放し

座りっ放しや寝っ放しでは、決して代謝は上がりません。

お年寄りが老人ホームに入ったり、病院に入院したりしたとたん、認知症が進んでしまうケースが多々あります。これは、寝てばかりいて、筋肉が落ちてしまうからです。

筋肉が落ちると、代謝は下がってしまうのです。

◆ヒールの高い靴ばかり履いている

邪気を排出するには、代謝を上げる必要があります。そして、代謝を上げるためには、血流を上げなければいけません。

血流を上げるポイントの一つに、ふくらはぎの筋肉をきちんと使うということが挙げられます。ふくらはぎの動きはミルキング・アクションといって、下に落ちていた血液をまた上に戻す効果があります。心臓の働きをフォローしてくれるのです。

ヒールの高い靴を履いているときは、基本的に爪先立ちです。しかし、自力の爪先立ちでなく、支えられているため、ふくらはぎをほとんど使いません。これではミルキング・アクションの起きようがなく、血液の流れが悪くなってしまいます。

しかも、この歩き方は、太ももの前側の筋肉と腸腰筋を発達させます。太ももの前側の筋肉は、前に進むために使う筋肉ではなく、止まるための筋肉です。坂道を下っているときなど、この筋肉を使っていることが実感できると思います。

太ももの前側の筋肉や腸腰筋が発達すると、歩きづらくなって、体癖が大きく乱れてしまいます。

◆きつい服ばかり着ている

きつい服ばかり着ていると、気の流れが滞ります。

デニム症候群というのがあるそうです。女性がきついデニムをはいて倒れてしまうというのです。「本当かな？」と思って知り合いの医者に聞いてみたら、実際にあるそうです。タイトな服はたしかにおしゃれですが、ほどほどにしておきましょう。

◆物を捨てられない

物は経年劣化を起こします。古い物からは経年劣化波動が発せられています。形が崩れていなかったとしても、必ず何かしらの劣化を起こしているのです。経年劣化波動はよくない波動です。

基本的に、古い物でよい波動を発している物はほとんどありません。

大抵は何らかの否定的なエネルギーを発しているものです。物をため込むことはやめましょう。物がたくさんあるところには、否定的な波動がたくさん放出されており、邪気がたまりやすくなっています。

◆苦み、酸味、辛みのある食品やにおいが強い食品を摂らない

苦みや酸味、辛みのある食品を摂ることによって、内臓、特に肝臓が活性化します。しかし防衛本能として、人はこのような食品を嫌います。これは毒物もしくは腐敗物にこういった味のものが多いためです。毒がおいしいとか、甘いという話はめったに聞きません。

しかし、こういう味の食物を摂らなければ内臓はしっかりと働きません。代謝が下がっていき、邪気をため込んでしまいます。消化器系に問題がなければ、こういう味の食物もある程度摂るように心掛けましょう。

◆ケガレチにやたらと行く

ケガレチとは、邪気を発している場所のことです。

墓地、古い総合病院、廃墟《はいきょ》、じめじめしたところ、日の当たらないところ、地下室、自殺の名所など、「なんだか、ちょっといやだな」と感じるところは、ケガレチだと思って間違いないでしょう。

実は、神社にもケガレチになっているところがたくさんあるのです。確かによい気を発しているところも少しはありますが、変な気を発している神社のほうが圧倒的に多いです。

◆陰気な音楽やドラマ、映画を頻繁に見聞きする

陰気な音楽やドラマ、映画を頻繁に見聞きするのはやめましょう。陰気な音楽やドラマ、映画そのものから、否定的なエネルギーが出ています。

また映像や音は潜在的な意識に刷り込まれやすいため、陰気なものをしょっちゅう見たり聞いたりしていると、だんだん性格まで陰気になってしまいます。

◆部屋を掃除しない

部屋は常に片付けておき、まめに掃除をしましょう。ちらかっていて埃《ほこり》まみれの部屋は、邪気の巣窟《そうくつ》です。

また、ちらかっている部屋にいるだけで血中のストレス数値がはね上がるという実験結果もあります。

同じつくりの部屋を２つ用意しておき、１つの部屋はきちんと整理整頓しておきます。そして、もう１つの部屋はちらかしておきます。整理整頓された部屋にいるときの血液を調べてもストレス物質はほとんど検出されませんが、ちらかった部屋に10分いたあとで血液を調べると、見事にストレス数値がはね上がってしまうのです。

ストレス＝イライラ＝否定的想念ですから、邪気がたまりやすくなるのは当然です。

◆家で横になることが多い

横になっていると、代謝は下がります。

休日に、体を休めようと一日中ゴロゴロしていたら、かえってだるくなってしまったという経験が、誰でも一度はあると思います。横になり続けていると、血流はどんどん下がります。すると、乳酸が流れずに蓄積していき、だるくなってしまうのです。家にいるときもなるべく横にならないようにしましょう。

どうしてもダラダラと横になってしまうという人は、ソファ、ビーズクッション、じゅうたん、カーペットを撤去してしまいましょう。

「かたいフローリングむき出しの床」にするのが一番です。

横になるのに快適な環境があるから、ついつい横になってしまうのです。横になっても痛いだけなら、もう横になることはありません。

人は、防衛本能上、飢餓に対して最大の恐怖を持っています。なるべくカロリーを消費しないよう怠けるように本来できているのです。だから、気合いだけで横になる癖を直すことはできません。横になれない環境を用意しましょう。

人は環境的に追い込まれない限り、なかなか望ましい行動はとれないものなのです。

健全な恐怖は人間の原動力になる

僕の来談者には、片付けを必ず習慣づけさせています。誰もが100％片付けをするようになるとっておきの秘策があるのです。いかに場がよくなるかとか、片付けをすれば思考が整うとかいう話をするわけではありません。

「もし掃除をしなかったら僕のブログとフェイスブックで君の部屋の写真を拡散するよ」と脅かすのです。僕のブログの読者は約4000人。「4000人の人たちに恥をさらしてもいいの？」と問いかけると、みんな必ず片付けをやります。

脅しをかけるなんていけないことだと思うかもしれませんが、健全な範囲では、人には恐怖が必要です。

人間は快楽を獲得するため、または、恐怖を回避するためのどちらかの動機によってしか、行動を起こしません。といっても、快楽という動機は極めて弱いのです。

人類史が始まってから現在まで、外は恐怖でしかありませんでした。なので、恐怖に対してより敏感に反応するようにできているのです。「走ったら気持ちいいよ」と言われても、なかなか人は走りませんが、強盗に襲われたら間違いなく走って逃げます。「英語を話せるようになったら便利だよ」「国際化の時代だから、外国人の友達ができたら楽しいね」「オリンピックで道案内できたら人助けができて気持ちいいね」と思っても、絶対に勉強はしないでしょう。

でも、TOEIC300点の人がいたとして、頼れる人もおらず、貯金ゼロ、転職もほぼ不可能、さらには妻と乳飲み子を抱えている。そんな状況である日突然社長から、「半年以内に700点を取らないと君はクビだ」と言われたらどうでしょう。すぐに勉強を始めるはずです。

人は恐怖が動機になったほうが行動するのです。健全な恐怖はすばらしい。掃除をすればたしかに気持ちいいでしょう。しかし、そんなことで人は動きません。

恐怖にさらす、それが一番効果的なのです。

誰にも会わず、土日も家の外に一歩も出ないような生活だったら、誰がおしゃれなどするでしょうか。一日中、楽な部屋着で過ごしてしまいます。でも、外に行くときには、ちゃんとおしゃれをします。羞恥心という恐怖があるからです。

恐怖によって初めて獣としての本能が抑制され、人間らしい行動をとることができるようになります。恐怖は駆逐するものではありません。上手に使えばいいのです。

適切な栄養、十分な睡眠、適度な刺激、この3つでウツの5割以上は改善する

例えば、ウツは究極のストレス状態ですが、彼らの大半はじっとし過ぎなのです。インナーチャイルドやバーストラウマ、過去世云々などということはどうでもいいので、ウツを改善したかったら、とにかく「適切な栄養を摂る」「十分な睡眠をとる」「適度な刺激を受ける」この3つだけで、世の中のウツの5割以上は改善してしまいます。

適度な刺激に関しては別に何でもいいのですが、一番手軽でおすすめなのは運動です。運動はほどよい刺激と負荷を体に与えてくれるので、結果として体が活性化していきま

す。

日中、あまりストレスを感じない人は、交感神経が優位になっています。例えば、仕事がバリバリできて、積極的に行動している人はストレスがたまっているでしょうか。もちろんそれなりにストレスを感じてはいるでしょうが、一般の人と比べれば、やる気があるので、ストレスは低いと思います。

やる気がある状態というのは、交感神経が優位になっている状態のことです。よく、ストレス対策に腹式呼吸でリラックスしようとする人がいます。腹式呼吸というのは、基本的に副交感神経を優位にするものです。交感神経が優位になっていなければいけない日中に、腹式呼吸をやって副交感神経を優位にさせてはどうしようもありません。

副交感神経が優位になると、眠くなり、やる気もなくなってしまいます。いわゆるリラックス状態です。変にくつろいでしまって、生産性が下がります。

こうなると、仕事の量や、困難な内容に対して恐怖心を抱いてしまうので、さらに生産性が下がり、仕事に自信をなくし、結果として大きなストレスを発生させてしまいます。

ストレスが発生すると、多くの人がそこだけを捉えて、何も考えずにリラックスしようとしてしまいます。そして、副交感神経を優位にさせて、仕事の生産性をさらに落としてしまうといった悪循環に陥ってしまうのです。

睡眠とエネルギーの邪気の関係

睡眠とエネルギーの邪気には、どのような関係があるのでしょうか。

まず、眠りが浅いと、否定的な夢を見ることが多くなります。夜中の12時から4時は、霊的に最も活性化している時間です。ワームホール（異次元とつながる穴）も開きっ放しになっていて、変なものがウジャウジャいます。

寝ているときは無防備なのに、否定的な夢を見ておかしな波動を出していると、変なものがくっついてしまいます。

夢というのは現実的な因子も多いのですが、実は誰もが、一種の体外離脱のような状態になっているのです。

そこで否定的な夢を見ているということは、パラレル的なエネルギー体として、幽界や冥界に自分が飛んでしまっている可能性があります。すると、そこの情報をたくさんくっつけたエネルギー体が自分の肉体に戻ってくることになるので、邪気がかなりたまってしまいます。

夢を見ているときは、第２の人生というか、第２の自分になっているわけです。

また、眠りが浅いと、抑ウツ状態になったり、発達障がいの人は症状が悪化してしまったりという、情緒的な問題が起こります。

さらに、眠りが浅ければ、寝ても体が十分に回復しません。体の回復ができなければ、病気や不調を抱えたままになります。

蓄積した邪気を排出することができず、さらに引き寄せてしまいます。

セロトニン・システムも機能が弱まってしまいます。

エネルギーという観点からも、睡眠というのはとても大切なものなのです。

やる気を起こさせるには快楽因子も必要

大半の女性は痩せたいと言っておきながら、なかなか運動をしません。関心を持つことや悩むことと、やる気になって実際に行動することとは、全く別物なのです。

例えば、テストで赤点をとると留年するかもしれないとき、「まずいな」とは思っても、なかなか勉強しませんし、親に叱られても、やる気には結びつきません。

人間の防衛本能上、やる気は出ないようになっています。本人のやる気に任せていては、いつまでたってもやる気なんか起きないのです。やる気を起こさせるには外界の環境圧力が必要になってきます。

環境圧力の一つとしては、快楽因子が有効です。

子どもに宿題をやらせるためにはどうしたらいいでしょうか。「宿題が終わったらゲームをやらせてあげるよ」これでいいのです。

当たり前ですが、先憂後楽が前提です。

先にゲームをさせてはいけません。宿題が先で、ゲームが後です。

先憂後楽を成功させるためにはどうしたらいいでしょうか。まず、その子にとっての快楽を目の前から全て奪います。そして、何かを達成したとき、初めて報酬が与えられるという形にするのです。そうすれば、子どもは必ずやるようになります。

同時に、何かを少しでも達成したら、60秒以内に、褒めたり、ご褒美をあげたりして、何らかの快楽を与えます。それによって脳は、「これを行えば自分は快楽を得られるんだ」と錯覚を起こすわけです。すると、しだいに自分からやるようになっていきます。

子どもの好き嫌いを直すにはどうしたらいいでしょうか。大半のお母さんは、子どもに嫌いなニンジンを食べさせたいと思ったら、大好きなハンバーグの中に小さく刻んで入れたり、付け合わせとして横に置いたりします。しかし、これはあまり効果がありません。

ニンジンだけをテーブルの上に出して、「これを食べたらハンバーグを食べていいよ」と言ってみてください。そうすれば、お子さんはニンジンを食べるようになります。

ニンジンを食べなければハンバーグは食べられない。ニンジンを食べたらハンバーグが食べられるという状況を作ることが大切なのです。

もちろん、強いアレルギーとか、発達障害に特有の感覚異常があった場合には、いきなりこれをやるのは問題ですが、そうでなければ、これで食べられるようになります。

それ以外の選択肢がないような状況をつくり、その後に強い快楽因子を入れてあげると、人はやるようになるのです。

こういうやり方を好きじゃない人もいるでしょうが、環境圧力や快楽を上手に活用して、よい意味で行動を操作することによって、その人に「できた」という自信がつきます。自信がつくから、最終的には、快楽因子がなかったとしても自発的にできるようになるのです。

第4章

邪気を受けないための体づくりと心づくり

邪気を受けない体づくり

邪気や否定的なエネルギーを受けなくなるためには、体づくりが欠かせません。大切なのは、次の3つです。

- 骨格を正す
- 基礎代謝を上げる
- 血糖値を安定させる

日本人の体癖の最大の問題点は、かかと重心・内股内旋

日本人は基本的にかかと重心です。農業をやるためにはかかと重心が重要だったのです。しかし、今は農業をやっている人は非常に少ないので、かかと重心の弊害のほうが

大きく出てしまっています。

かかと重心というのは、その場で同じ姿勢を保つためのもので、前に進むためのものではありません。

陸上競技で日本が欧米にかなわなかった最大の要因は、欧米人は基本的に爪先重心だったことにあります。爪先重心のほうが前に進みやすいのです。

最近、日本人が陸上競技で勝ち始めたのは、爪先重心にシフトしてきているからです。

野生動物も、足が速い動物の場合、走るときにはかかとをつきません。馬にいたっては、かかとがなくて爪しかありません。陸上生活をする上では、爪先重心のほうがダッシュが利くのです。

かかと重心でウエートトレーニングをやってしまうとどうなるのでしょうか？

まず、ふくらはぎには筋肉が全くつきません。膝と太ももの前側だけが太くなってしまいます。

しかも、後ろに重心がいっているので、猫背だけれども反り腰という状態になって、やればやるほど、不細工なずんどう体型になっていきます。さらには腰痛を引き起こしてしまうのです。

こうなると、日常生活でちょっと動いただけでも疲れるし、運動の機能も弱まって、基礎代謝や運動代謝がどんどん落ちてしまいます。

それによって気血水の流れが極端に落ち込み、邪気がたまっていくのです。

ふくらはぎの筋肉は、邪気対策として極めて重要です。血液は心臓によって全身に押し出されます。押し出された血液は、心臓に戻ってこなければいけません。

上半身は心臓に近いので心臓の伸縮運動だけで血液は戻ってくることができますが、下肢は心臓から離れている上に血液量が多いため、心臓の伸縮運動だけで戻るのは難しいのです。ここで重要になってくるのが、ふくらはぎのミルキング・アクションです。筋肉の働きが牛の乳搾りと似ていることから、そう呼ばれています。

ふくらはぎを鍛える方法として爪先立ちが有効です。しかし、日本人の大半は、基本的にベタ足です。欧米人は、膝がキュッと締まって、その下のふくらはぎが膨らみ、足首がまたキュッと締まっているというイメージがあります。

日本人の大半は、膝がボテッと外に広がって上下に伸びていて、ふくらはぎはなくて、足首まで太さが一直線という体型です。日本人はベタ足、つまり、かかと重心なので、ふくらはぎが全く発達しないのです。

爪先重心だと、当然、爪先を使うことになります。爪先を支えるのはふくらはぎです。爪先重心の人はふくらはぎが発達して、ミルキング・アクションがしっかり働きます。ミルキング・アクションがしっかりできていれば、１回下におりていった血液が心臓にちゃんと戻ります。ふくらはぎが発達している人は、循環器系にも全く負荷がかからず、体液の滞留であるむくみもありません。むくみがなければ、気血水の流れがよくなり、邪気がたまりにくくなります。


しかし、残念ながら、気のことを一番大切にしなければいけないヨガや気功の世界においては、いまだにかかと重心が正しいなどと言い続けている指導者が大半です。

ヨガや気功に興味を持つ人たちというのは、もともと気に対して鋭敏な傾向にあります。仮に鋭敏でなかったとしても、ヨガや気功をやっていれば気に対する感受性が高まります。すると、エネルギーは、いいものも悪いものもくっつきやすくなるのです。

地球においては基本的にいいエネルギーよりも悪いエネルギーのほうが多いので、悪いエネルギーのほうが多く吸着されてしまいます。

にもかかわらず、かかと重心などと教えられているので、それによってミルキング・アクションは機能せず、気血水の流れが悪くなってしまいます。

さらには、かかと重心でいるとどうしても反り腰になってしまうため、体幹や中心軸まで失われてしまいます。

骨格を乱す、一般的によいと言われる健康法のウソ

一般に正しい健康法だと信じられているものの中には、実はかえって体を歪《ゆが》めてしまうものが存在します。それらを一つ一つ見ていきましょう。

◆ウォーキング

大半の人のウォーキングには、問題点が2つあります。

1つ目は、女性に多いのですが、脚を内旋させたままウォーキングをしていることです。街なかで女性の歩き方を見ているとわかりますが、太ももが軽くこすれています。そこまでいかなくても、太ももが中へ中へと入っていくような歩き方をしています。

これでは、内旋させるための筋肉が張ってしまいます。さらには、大殿筋《だいでんきん》が内旋の状態で固まってしまいます。だから、歩けば歩くほど内旋が強化されていき、その結果、内股反り腰がひどくなっていきます。正しい体の使い方ができていない人は、むやみやたらにウォーキングやランニングをしないほうがいいのです。

2つ目の問題点は、胸を張って、腕を振る歩き方が正しいと思われていることです。前に手を振ってしまうと、推進力としては後ろに働きます。プールで泳ぐとき、これをやったら後ろに下がってしまいます。前に進みたいのに、なぜ手を前に振るのでしょうか。推進力を真逆にしてしまっているので、ムダに体力を使っています。

胸を張ることもよくありません。現代人は猫背だから猫背になっているのではなくて、反り腰の体勢があまりにもつらいから、仕方なく猫背になっているのです。

それなのに、反り腰のところに胸を張ってしまっては、反り腰が強まって腰をいためてしまいます。走っている人とかウォーキングを熱心にやっている人、あるいはヨガをやっている人に腰痛持ちが多いのは、反り腰の上に胸を張ってしまうことが主な原因です。これでは中心軸がなくなるので、代謝が落ちてしまいます。

胸を張ると、呼吸器系が圧迫されるため、息が大きく吸えなくなり、代謝が下がってしまいます。

世間一般のウォーキングの仕方はめちゃくちゃです。ウォーキングの本には、女性モデルが腕を振って胸を張って歩いている写真が載っていますが、これでは体をいためてしまいます。本来、歩き方は少し猫背気味でいいのです。

◆足の前屈ストレッチ

大半の人は間違った前屈ストレッチをやっています。座った状態で前屈をやるとき、太ももにかなり力が入ってしまうのです。

太ももに力が入ると、腸腰筋は緊張してしまいます。腸腰筋の部位をさわりながら前屈をしてみてください。腸腰筋が硬くなったり、盛り上がったりしてはいませんか。それを続けていたら、いずれ腸腰筋が硬く縮まってしまいます。

座った状態で前屈するとき、大半の人は背中を丸めて行っています。これは腸腰筋を使っています。腸腰筋を使わない正しい前屈の場合、背中は真っすぐです。股関節のところからホチキスのように体を折り曲げていきます。これで初めて正しいストレッチができるのです。

でも、正しくストレッチできている人はあまり見たことがありません。このやり方では、あまり前屈することができず、「柔軟になった」という実感を持ちにくいからかもしれません。

背中を丸めた状態での前屈でも、一時的には腰が伸びるかもしれません。しかし、これでは腸腰筋が縮まっているため、そのうち腰が痛くなってしまいます。確かにやった瞬間は腰の痛みが消えるので、「前屈はいいわ」と思って一生懸命やってしまうのですが、根本から間違っています。

◆真っすぐな姿勢を維持する

現代人は猫背が多いと思われていますが、実はそうではありません。見てみると、たしかに背中は丸まっているのですが、これはもとから猫背なのではなくて、反り腰をどうにかしたくて、猫背になってしまうのです。それなのに、反り腰を治さないまま真っすぐな姿勢を無理やりつくろうとしたら、腰をいためてしまいます。

田舎の農家のおばあちゃんはみんな背中が丸まっていますが、腰痛持ちというのはあまり聞きません。確かに長時間農作業をしていれば「あ、痛タタ……」となるけれども、慢性的に腰が痛いという人はあまりいないのです。

哺乳類の基本は四つ足歩行です。人間に近いとされるオランウータンもそうです。姿勢のいいオランウータンはいません。腰痛持ちのオランウータンもいません。四つ足の姿勢が正しいのです。みんなそれを忘れて胸を張ろうとするから腰が痛くなるのです。胸を張る姿勢は、見た目としては美しいけれども、間違いなのです。

◆胸を張る

胸を前に突き出すには、脊柱起立筋をしっかりと固めなければいけません。脊柱起立筋を固めると僧帽筋が凝り、乳突筋が凝り、椎骨脳底動脈が締めつけられ、脳への血流が不足します。こうなると、しだいに抑ウツ状態になっていき、変な感情が引きつけられてしまいます。

◆肩を引く

肩を後ろに引くと、自動的に胸が広がります。この状態では、深い呼吸ができません。前に肩を滑らす程度でちょうどいいのです。

◆腕のウエートトレーニング

腕のウエートトレーニングをすると、筋肉の重量が増えます。僧帽筋は本来、首を支えるためだけに存在するのですが、大半の人は、肩を動すときにも僧帽筋を使ってしまいます。肩と腕をつなぐ役目をするインナーマッスルを鍛えている人は、ほとんどいないため、僧帽筋で腕を引っ張るしかないのです。

こうして、僧帽筋が首も腕も支えることになるので、僧帽筋は常に収縮している状態になってしまいます。これでは肩が凝って当たり前です。

肩が凝っているとき、首の横の筋肉をストレッチする人がいます。これをやると、たしかに伸びます。ストレッチした直後は、とても気持ちいいのです。

しかし、伸びてしまうと腕を支えることができなくなるため、これではまずいということで、また縮まってしまいます。こうして、さらに肩凝りがひどくなっていきます。しかし、その場では肩がほぐれてとても気持ちがいいため、肩凝りストレッチとして定着してしまっているのです。

◆ヨガのポーズ

ヨガに、鋤《すき》のポーズというものがあります。寝転がった状態で足を頭のほうに持っていくポーズなのですが、これもよくありません。

脊柱起立筋は、上半身を起こすときに使われる筋肉で、基本的に縮こまっていなければいけない筋肉です。伸ばしてはいけない。ストレッチをするときは、やみくもに全部伸ばせばいいというわけではありません。ここは固めておく、ここは緩ませると、かなり細分化されているのです。

脊柱起立筋は、固めておく必要のある筋肉の代表格です。

脊柱起立筋は、固めておくことで初めて機能できる筋肉なのに、それを伸ばしたのでは機能できなくなってしまいます。すると、これでは体を支えられないということで、筋肉が異常な収縮を始めます。それで肩が凝るのです。そして、肩凝りつらいから、またヨガをやる。ヨガをやれば、一時的にかなり楽になります。「ああ、スッキリした」と、ヨガのとりこになってしまいます。

肩凝りをたたいてほぐしていると、その瞬間はスッキリしますが、だんだん肩凝りがひどくなり、より強い力でたたかないと効かなくなっていきます。そして、いよいよ肩がパンパンになってしまいます。適切でないストレッチも、それと全く変わりません。

肩凝りの発生原因に関するウソ

ここで現代人に多い肩凝りの原因について、間違ったことがよく言われています。それらを一つ一つ見ていきましょう。

◆「猫背で肩凝りが起こっている」という誤解

すでに繰り返し述べていますが、反り腰だから肩凝りが起きているのです。反り腰によるつらさをどうにかしたいから、猫背になっているだけ。猫背が肩凝りの原因なのではなく、むしろ、肩凝りをどうにかしようとして猫背になっているのです。猫背を直したところで、何の解決にもなりません。余計に肩凝りがひどくなるだけです。

◆「筋肉不足で肩凝りが起こっている」という誤解

肩凝りの原因は、別に筋肉が足りないからではありません。間違ったストレッチ、間違った使い方が問題なのです。伸ばしてはいけないところで伸ばしてしまったり、支える必要のないものを支えてしまっていたり。誤った姿勢をとっていることで肩凝りが起こっているだけであって、筋肉が不足しているわけではありません。

文明の発達した現代では、人々の生活が非常に楽になっているので、普通に生活しているだけでは体幹がしだいに弱くなってしまいます。正しい条件のもとでなら、体幹を鍛える必要はたしかにあります。そういった意味では、筋肉不足が肩凝りをつくるということは言えるのですが、だからといって急にウエートトレーニングをやるのは、かえって体を壊すもとです。

別に、ウエートトレーニングそのものがいけないわけではありません。栄養や体癖がきちんと整ったという条件であれば、ウエートトレーニングはすばらしいものです。

ウエートトレーニングを始める前に、やるべきことがあるということです。

この順番を間違えてはいけません。

◆「肩が前に出ているから肩凝りが起きる」という誤解

肩凝りがない人は、肩甲骨の自由度が高いものです。肩甲骨の下に指がすっぽり入ります。野生動物が走るとき、とても柔軟に肩甲骨が動いています。人間の肩甲骨も、本来は柔軟に動くはずなのです。

肩甲骨の自由度が高ければ、脊柱起立筋も柔軟になって、縮こまらない状態で頭を支えることができます。肩甲骨が柔軟に動く人は、自然な姿勢をとったとき、肩が多少前へ出ます。

でも、肩が前に出るのはいけない姿勢だと思われているから、みんな無理に胸を張ってしまいます。これで肩凝りが起きます。おかしな話です。

◆「胸を縮ませているから肩凝りが起きる」という誤解

肩甲骨の自由度が高ければ、肩が前に滑ります。必然的に、胸が少し縮まります。

肩凝りの人は、基本的に胸が外に開いてしまっています。肩凝りを治したり、肩甲骨の自由度を広げると、胸が真っすぐになっていきます。

◆「顎《あご》が前に出ているから肩凝りが起きる」という誤解

確かに、あまりにも顎が前に出過ぎていると首をやられてしまうのは事実です。

しかし、だからといって顎を引けばいいというわけではありません。胸を張って顎を引くのがいい姿勢だと思われているようです。でも、顎を引いたら首のまわりが固まってしまいます。首のラインから顎が指3本分前に出ているぐらいがちょうどいい。顎を引くと指2本ぐらいしか入りません。これでは、やはり首をいためてしまいます。

邪気を受けないための具体的方法／骨格を正す

まずは肩凝り、首凝り、腰痛を解消して肩、肩甲骨、股関節の自由度を広げることに狙いを定めましょう。

体癖は下から積み上げていかないといけません。でも、それを全部説明していては、とてもページが足りませんので、かいつまんで、これとこれだけは最低限やっておきたいというものについて述べていきます。

◆肩の左右ひねり

まず、肩凝りを改善する簡単な方法です。

人は、大体左右の腕の長さが違います。これは肩甲骨が寄っているからです。それを緩めるにはどうしたらいいでしょうか。

左右の腕の長さを比べて、短いほうからやると効果がわかりやすいでしょう。ここでは右から説明していきます。

まず、左手の親指で右肘のポコッとしたところの外側をグッとつかみます。そうしたら4本の指で、爪を立てないように、指の腹で骨を押さえつけます。

その状態でなるべく腕を真っすぐ下におろして、肩を上げずに、肘から下だけを絞るようにゆっくりと内側にひねっていきます。これ以上いけないところまでひねりきったら、4〜5秒キープ。次に外側にひねって4〜5秒。内ひねり、外ひねり、と2〜3回

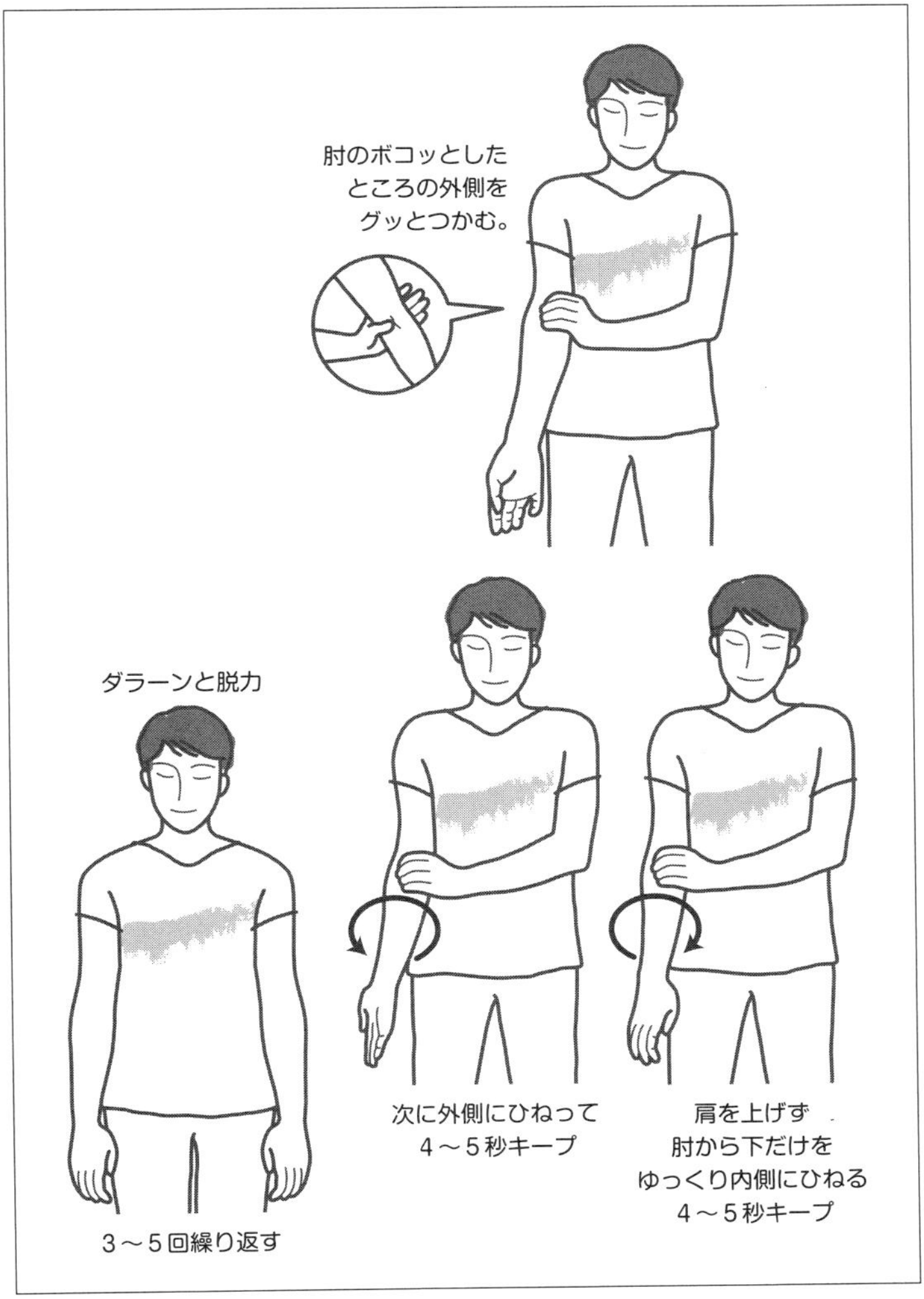
肘のボコッとした
ところの外側を
グッとつかむ。
ダラーンと脱力
3～5回繰り返す
次に外側にひねって
4～5秒キープ
肩を上げず
肘から下だけを
ゆっくり内側にひねる
4～5秒キープ

繰り返したら、最後にダラーンと脱力します。以上を3～5回繰り返します。

今度は右肩の前面に軽く手を置きます。添えるだけで押さえ込む必要はありません。

肩を上げずに、腕を真っすぐ下におろして、ゆっくり内ひねり。ひねりきったところで4～5秒キープ。外ひねりも同様に。そして、内ひねり、外ひねり、と2～3回繰り返したら、最後にダラーンと脱力します。以上を3～5回繰り返します。


腕の長さの違いを比べてみてください。同じになっているか、場合によっては逆にひねりを入れた腕のほうが長くなっているかもしれません。

今度は反対側の腕を同じ要領で行います。これで腕の長さの違いが治ります。

腕の短かったほうは、肩甲骨が閉じていました。肩が外旋していたのです。

今の動きで肩の筋肉に内旋を覚えさせました。そうすると、肩甲骨が前に滑ります。

それで、腕が伸びたのです。ほかにもやることはありますが、とりあえず、これで脊柱起立筋はだいぶやわらかくなります。

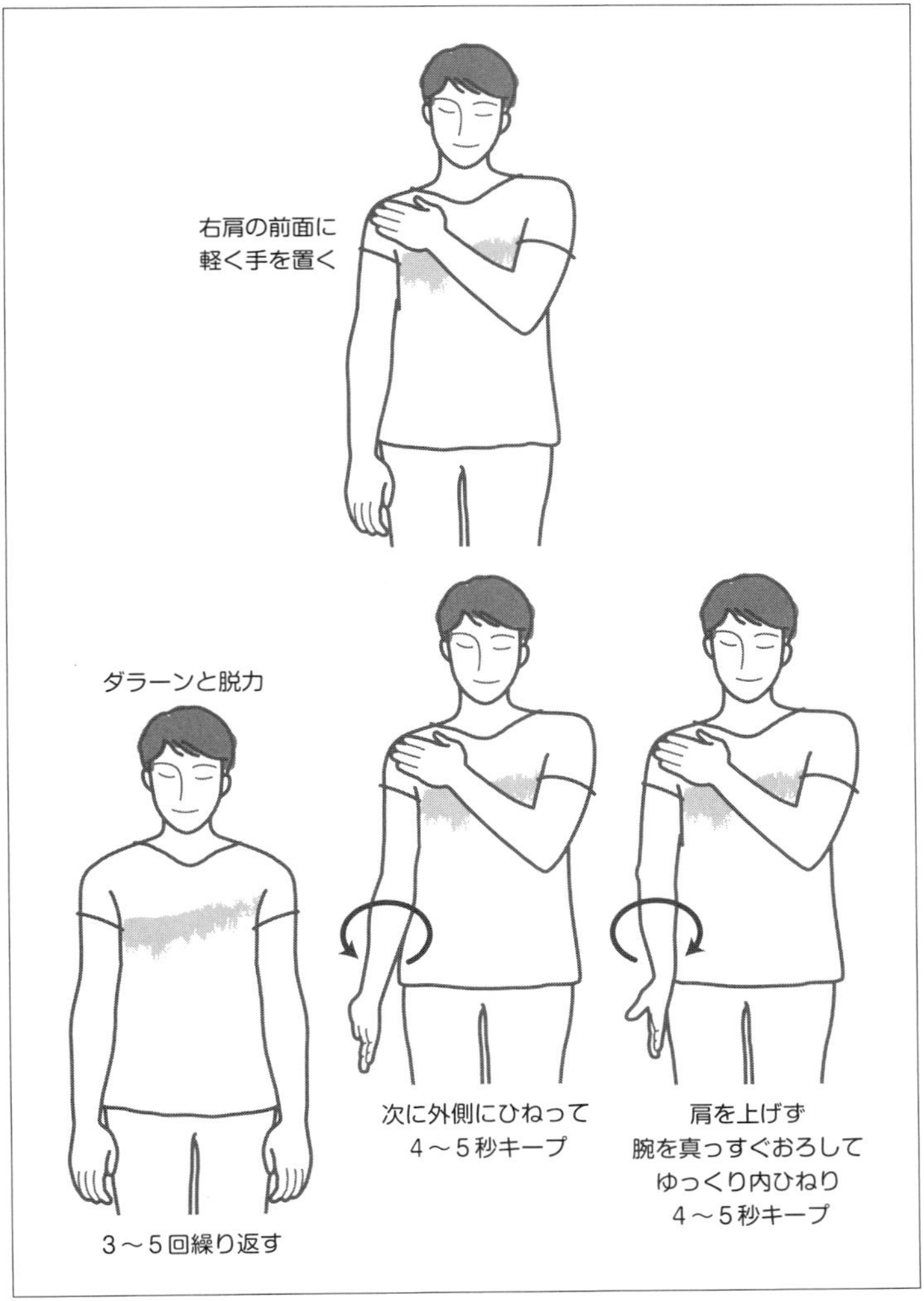
右肩の前面に
軽く手を置く
ダラーンと脱力
3～5回繰り返す
次に外側にひねって
4～5秒キープ
肩を上げず
腕を真っすぐおろして
ゆっくり内ひねり
4～5秒キープ

◆首と肘の引き上げ

次は、僧帽筋に、「もう縮こまらなくていいんだ」と覚えてもらいましょう。必要以上の縮こまりがなくなるので、筋肉がふわっとほぐれます。

まず、肘を曲げて軽く握りこぶしをつくります。次に、肩は下ろしたまま、肘を後ろに引いていきます。このとき、肘を天井に突き上げるイメージで、思いっきり引きましょう。その状態で、口を閉じたまま、顔を目いっぱい天井に向け、5秒キープします。そして、ダラーンと一気に脱力します。首の血液がジュワーンと熱くなるのがわかると思います。以上を3~5回繰り返します。

このときに気をつけなければいけないのは、反り腰にならないようにすること。下腹部に軽く力を入れて行うといいでしょう。

ガチガチの肩凝りの場合は別ですが、たいていの肩凝りなら、これで随分よくなります。デスクワークの後など、この2つをやると脳の血流が一気によくなるので、それだけですっきりします。軽いウツであれば、これだけでも楽になります。

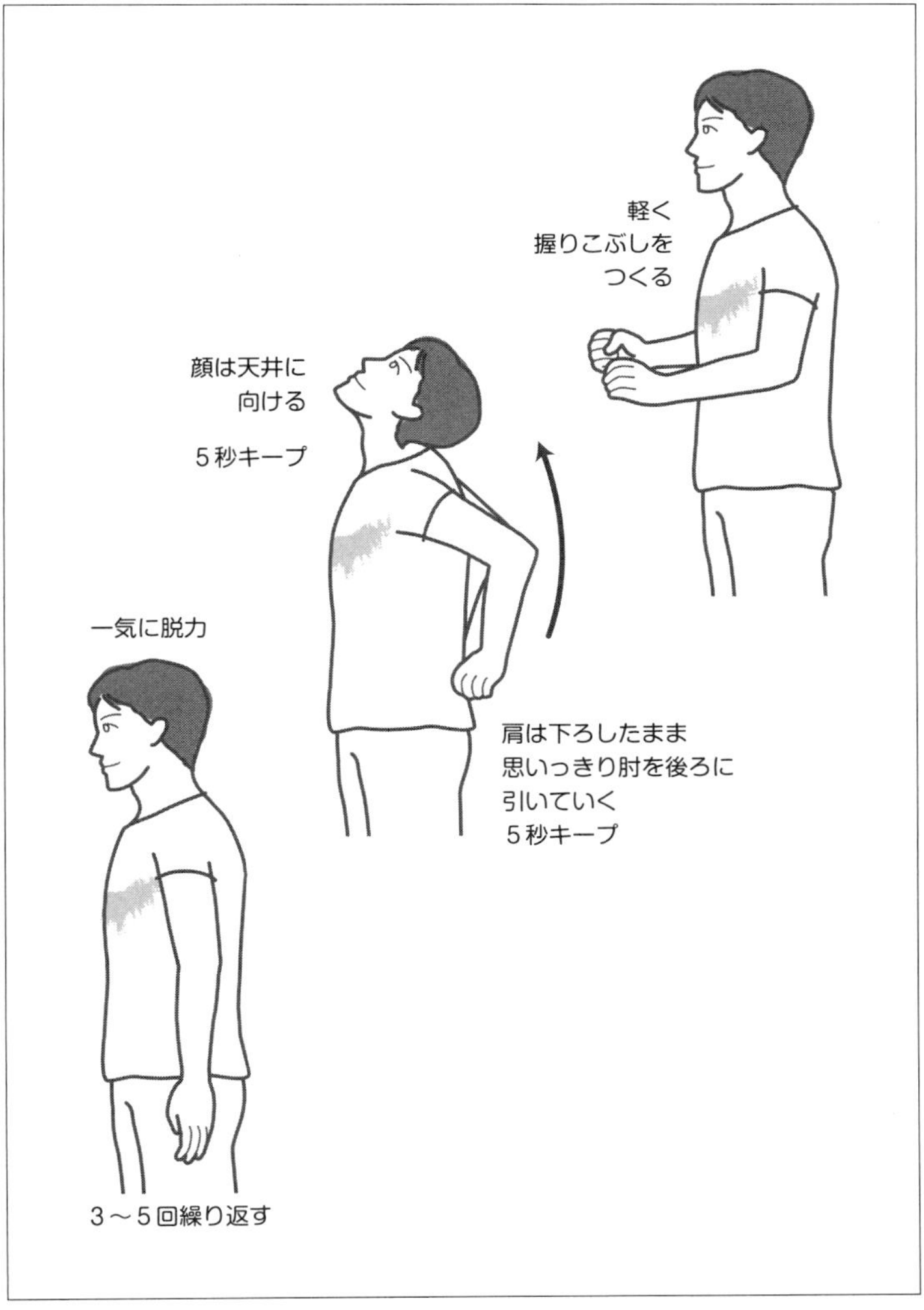
軽く
握りこぶしを
つくる
顔は天井に
向ける
５秒キープ
肩は下ろしたまま
思いっきり肘を後ろに
引いていく
５秒キープ
一気に脱力
３～５回繰り返す

◆肩の内旋の矯正法

まずは反り腰にならないよう気をつけて、真っすぐ立ちます。

その状態で、両腕を水平に伸ばします。そして、できる範囲でいいから、まず右腕を内旋させていきます。

そして、左腕を外旋させます。初めのうちは、頑張ったところであまり肩は動きません。そのときは、イタ気持ちいい範囲でちょっとひねっていくぐらいで大丈夫です。

無理にひねろうとすると、体がブレてしまいます。軸はそのまま動かさないように気をつけながら、両腕を絞り込んでいきます。

体を動かしたら肩甲骨が動いてしまうので、全く意味がありません。体は真っすぐに保ち、じっくり絞っていきましょう。以上を3〜5回繰り返します。

初めのうちはほとんど動きませんが、やっているうちに、だんだん肩が出てくるようになります。いきなり無理すると捻挫してしまうことがあるので、できる範囲でかまいません。

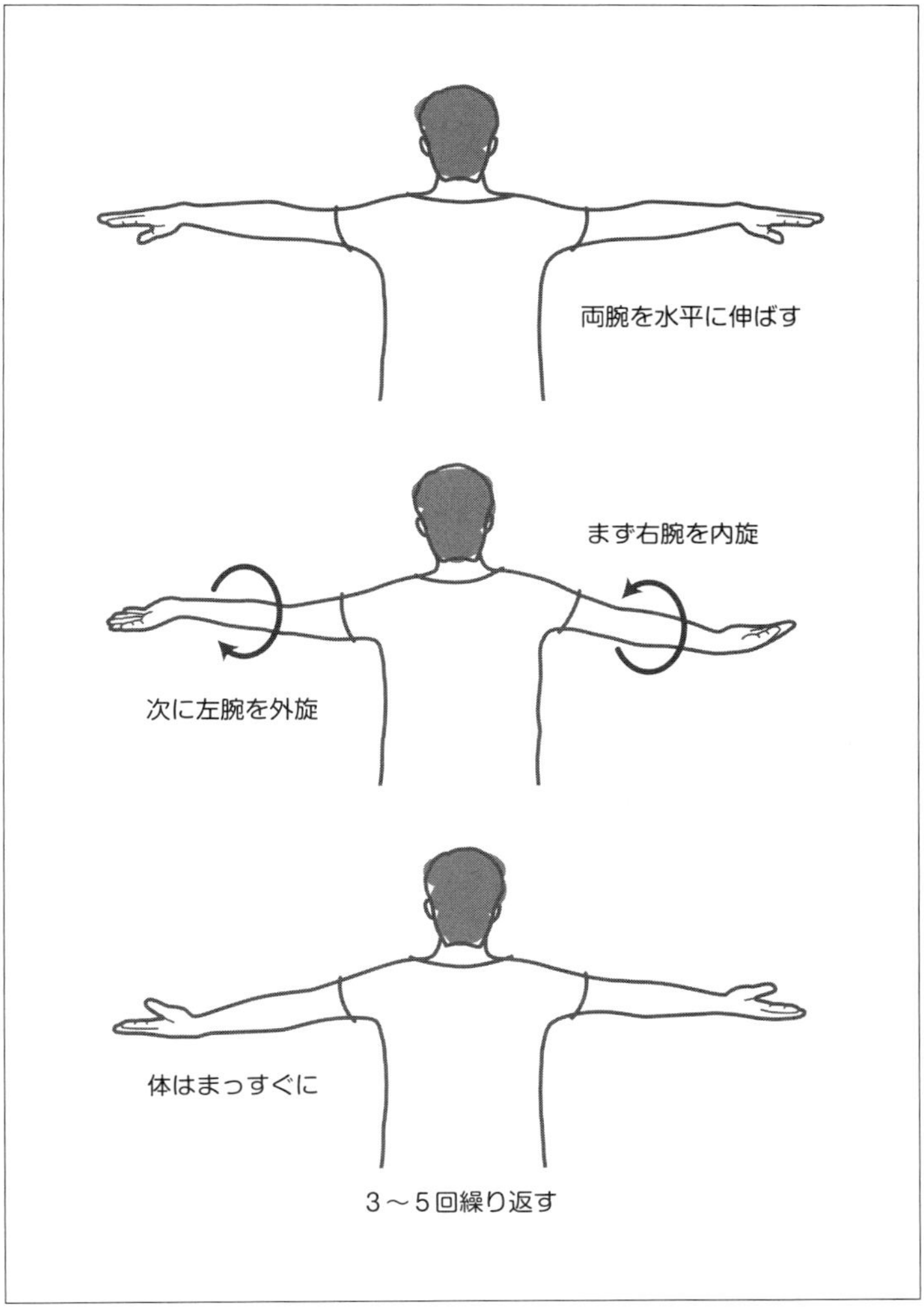
両腕を水平に伸ばす
まず右腕を内旋
次に左腕を外旋
体はまっすぐに
3～5回繰り返す

これらをやることで、肩甲骨の自由度はかなり上がっていきます。文章で説明されてもよくわからないかもしれません。僕のブログに動画を用意しておいたので、参考にしてください。https://blog.yoshihama-tsutomu.com/youtube/4447

さらに骨格を正すために大切なポイントが3つあります。

- 股関節の外旋
- 臀筋《でんきん》の引き締め
- 正しい立ち方

現代人の大半は、股関節が内旋しています。男性の内旋は少ないのではないかと思うかもしれません。男性でも、見た目は外旋しているのですが、膝から上は内旋していることが多いのです。膝から下だけがO脚になっているという、複雑な立ち方をしています。ほとんどの人は股関節が内旋してしまっているのです。

僕もこちらのタイプです。脚全体としてはX脚なのですが、膝下だけはO脚です。O脚の部分だけを見て足を縛ったり矯正してしまったりすると、内旋がより強くなってしまいます

では、内旋を改善するためにどうしたらいいでしょうか。

◆足の内旋の矯正法

まず爪先と爪先は少しハの字になるようにあけて、かかととかかとをつけます。内旋の強い人は、初めは少しハの字になってもかまいません。そして、お尻の筋肉を肛門のほうにギュッと寄せるようにして力を入れます。それでもまだ内向きになってしまうので、おへそから3センチ下ぐらいの下腹部に軽く力を入れましょう。

お尻を締めて、下腹部に力を入れたまま、今度は膝を軽く外に向けます。膝を開くわけではありません。外旋させるのです。

本当は股関節を外旋させたいのですが、股関節を外旋させようと思ってもなかなかうまくいきません。なので、膝を外に向けることによって自動的に股関節を外旋させてい

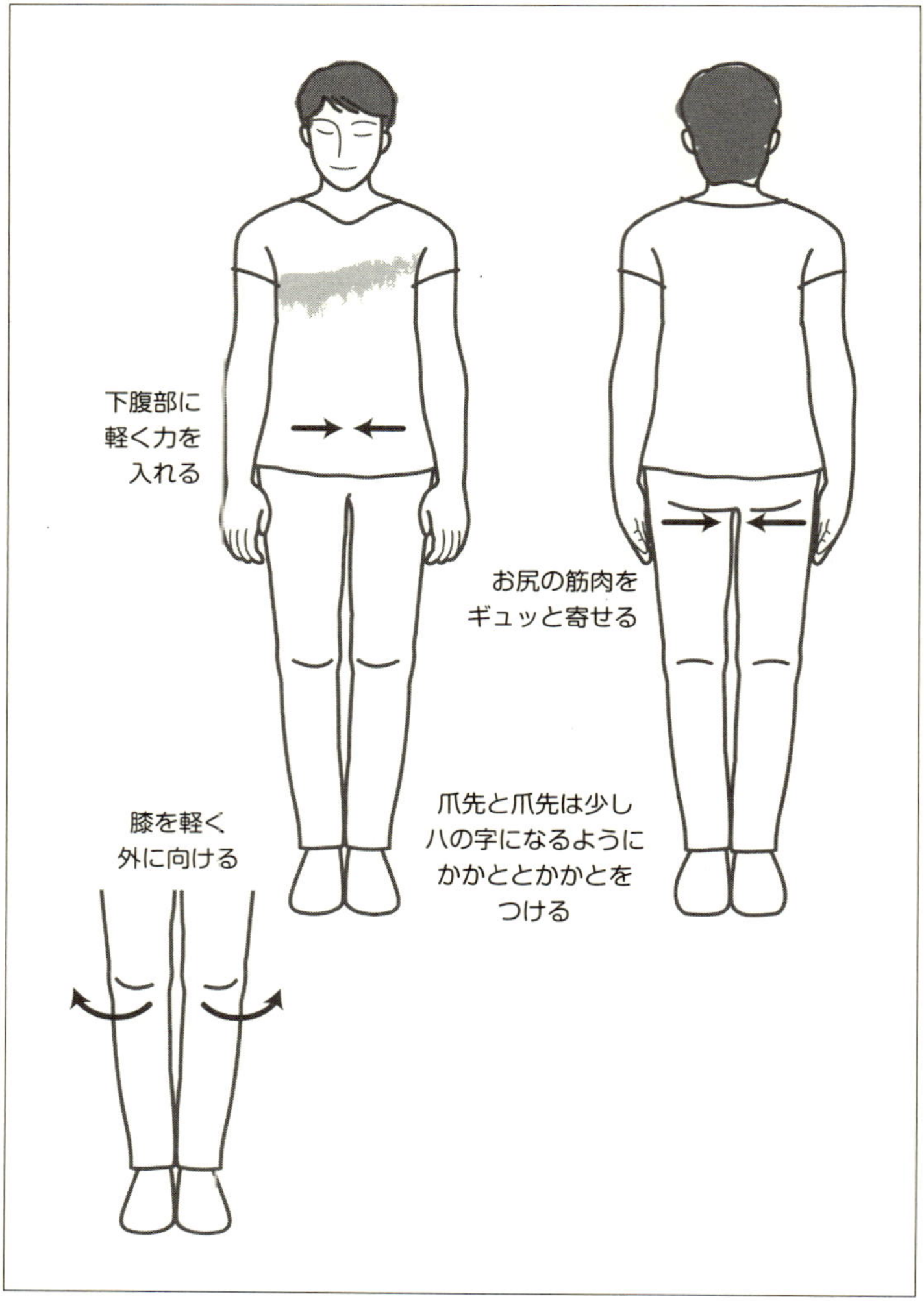
下腹部に
軽く力を
入れる
お尻の筋肉を
ギュッと寄せる
膝を軽く
外に向ける
爪先と爪先は少し
ハの字になるように
かかととかかとを
つける

きます。膝で股関節の内旋、外旋をコントロールするわけです。

膝を外に向かせるには、お尻の筋肉をしっかり締めておく必要があります。

それだけでも、まだ癖によって反り腰になってしまうことがあるので、下腹部に軽く力を入れてフォローしましょう。

そして、張ったままの胸を少し縮めます。これで真っすぐになりました。

以上を４～５分、膝を痛めない範囲でおこなってください。

もう圧迫が加わらないから腰は痛くなりません。また、胸を張らないから呼吸が楽になります。これで初めて正しい姿勢で立つことができるのです。


今までは内旋の状態をずっと真っすぐだと思いこんでいたので、急にこの立ち方をすると、重心が一気に変わってしまって、バランスがとりにくいかもしれません。

内股の状態でお尻の筋肉を締めることはできません。最近の若い人は内股がどんどん強くなってきているので、体はスリムなのにお尻は横に広がっています。

内旋があまりにも強い人は、立ち方だけでは内旋を改善するのがちょっと難しいです。

恥ずかしいかもしれませんが歩き方をガニ股にするといいでしょう。内旋している人は、内股でベタンベタンと歩きます。内旋の強い人は、正しい立ち方をしても、すぐに内旋に戻ってしまうので、正しく立った状態でガニ股で足を出して歩くようにしましょう。オヤジ歩きです。これでようやく内旋は改善していきます。

これは、バレリーナの立ち方と似ています。バレリーナはお尻の筋肉がとても発達しています。バレリーナは胸の引き上げ過ぎで背中に不調を抱えていることが多いのですが、外旋にするという意味では、すごくいいのです。

基礎代謝を上げるための具体的な方法

◆筋肉量をふやす運動をする

基礎代謝を是正するためには、必須栄養素を摂ると同時に、運動をして運動代謝を上げていく必要があります。これで初めて低血糖症が治り、眠気やだるさ、冷え性などのさまざまな不調がやわらいでいくのです。

運動をしたとしても、ヨガや散歩といった筋肉量のふえないものばかりやっていてはダメです。確かにヨガや散歩は気持ちが晴れます。これを運動と称して、「私は体を動かしています」と言うけれども、それは動かしたうちには入りません。

筋肉量をふやして身体能力を上げていくことが、基礎代謝を上げて体の不調を根本から治すためには必要なのです。

◆サプリメントの摂取

サプリメントでまず必要になるのは、ビタミンB群、鉄、亜鉛を含めたマルチビタミン＆ミネラルと不飽和脂肪酸、そしてアミノ酸です。

本物のサプリメントにはいくつかの条件があります。まず、含有量が多いこと。２つ目は、添加物が少ないこと。３つ目は、天然原料がある程度使われていること。４つ目は、何らかの形で吸収率が上がるように工夫されていること。

また、ビタミンなどの一度に摂り過ぎると排出されてしまうものに関しては、時間差で溶けていく（タイムリリース）ように工夫されていることも、重要な条件になります。この条件がそろって初めて本物のサプリメントと呼べるのです。それ以外のものを摂ると、効果がないどころか、逆に体を壊してしまうことさえあります。

先ほど挙げた栄養素のほかに、ビタミンCも必要です。本当は大量に摂りたいところですが、金銭的に大変だし、抵抗感もあるでしょうから、優先順位をつけておきます。

ビタミンB群、鉄、亜鉛、不飽和脂肪酸、プロテインの順です。

不飽和脂肪酸にはいろいろありますが、魚の脂がよく知られています。

貧血を治したい女性は、鉄だけでなくてタンパク質を摂る必要があります。タンパク質を摂ることによって赤血球が一気にふえ、それだけでも貧血は大幅に改善します。女性の大半はタンパク質が不足しています。その状態で鉄剤を飲んでもあまり効果は上がりません。

胃腸の弱い人には、酵素のサプリメントも有効です。酵素のサプリメントでおすすめは、おなじみの「強力わかもと」です。「強力わかもと」は極めて優秀です。だからこそのロングセラーなのでしょう。

酵素といえば、酵素飲料が流行していますが、これはおすすめできません。

酵素飲料は甘過ぎて、酵素の働き以前に、血糖値が大きく乱れてしまいます。また、酵素を摂ったとしても胃の中で全てアミノ酸に分解されるので、ほとんど意味がありません。体内で酵素をつくりたいのであれば、サプリメントでアミノ酸かプロテインを飲んだほうがずっといいと思います。それが体内で酵素に変わっていきます。

といっても、酵素飲料が全く無意味というわけではありません。食事の最中や直前に酵素飲料を摂れば、それが消化酵素の代用をしてくれます。結果として消化酵素の節約になるので、そういう意味での効果はあります。

糖分が多過ぎるのであまりおすすめはしませんが、どうしても酵素飲料を摂りたいのであれば、食事のタイミングで摂るようにしましょう。

酵素のサプリメントの中には、「しっかり腸まで届き、腸で吸収されます」と謳《うた》っているものがあります。特殊加工をしている場合は確かに腸で吸収されるかもしれません。でも、特殊加工をした高いサプリメントを買わなくても、腸内の善玉菌をふやせばいいのです。善玉菌がビタミンB群とか、セロトニン、酵素を大量につくり出してくれます。

酵素を補給したいのなら、アミノ酸かプロテイン、あるいは善玉菌を摂ればいいのです。よく「ヨーグルトを摂っても乳酸菌は胃の中で死ぬから意味がない」と言う人がいますが、乳酸菌は死んでいてもちゃんと効果があります。胃の中で死んでも、それが善玉菌の餌になって、結果的に善玉菌をふやしてくれるので、生きているかどうかを気にする必要はありません。

◆ピロリ菌の除去

タンパク質をしっかり吸収するためには、消化能力を上げなければいけません。消化能力を落としてしまう要因の一つがピロリ菌です。

消化器内科でピロリ菌検査をして陽性だった人は、アレルギーがなければ、抗生物質を1週間飲めばピロリ菌を除去できます。抗生物質は害もありますが、ずっとピロリ菌が居続けるよりははるかにいいです。消化能力に自信のない人は、一度、ピロリ菌検査を受けてみてはいかがでしょうか。

◆ローカーボ

ローカーボとは、食事からご飯、パン類、いも、豆類といった炭水化物をなるべく排除して、そのかわり、肉、魚、卵といった動物性タンパク質を大量に摂る食事法です。とはいえエネルギー的なことを考えたら、肉は少し控えめのほうがいいでしょう

いきなりローカーボをやると体調を崩してしまうことがあります。まずは、炭水化物を今までの半分ぐらいにしてタンパク質を多めに摂るぐらいの、ゆるめのローカーボから始めていきましょう。

◆よく噛むこと

先ほども述べましたが、噛むことは非常に重要です。1口で30〜40回噛むことを目標にしましょう。必ず習慣づけることができます。

◆温冷浴

体を温めて代謝を上げるには、温冷浴がおすすめです。

冷たい水→熱いお風呂という順番が本当ですが、これだと夏場以外はきついので、熱いお風呂→冷たい水の順番でもいいでしょう。少し緩やかな半身浴でも構いません。39度程度の半身浴をした後で、冷たいシャワーを30秒ぐらいかけます。また半身浴→水シャワーを繰り返します。

◆パイナップル、キウイ、パパイヤなど、酵素を大量に含んだ生の食材を摂る

食事のときにこれらの食材を生で食べると、消化酵素の代用になります。ただ、果物は果糖を含んでいますから、あまり食べ過ぎないようにしましょう。

低血糖症になると邪気を引き寄せやすくなる

低血糖症の人は邪気を引き寄せ、ため込んでしまいます。低血糖症の人が邪気を引き寄せてしまう理由には、大きく３つあります。

まず、**その人の感情とエネルギーは基本的に同調するということです**。何かの感情を発生させると、それがエネルギーとしてどこかに飛んでいきます。自分が出したエネルギーは必ず自分に返ってきます。

恐怖という感情が湧いたら、恐怖の波動が出ます。そしてそれは必ず自分に返ってくるのです。これは邪気そのものです。

また、否定的な感情の波動を出したら、不成仏霊などが寄ってきてしまいます。これも、邪気をためる要因となります。

低血糖症の人は、情緒が非常に不安定で、常に否定的な感情に支配されています。低血糖症を治さない限り、邪気はどんどんたまってしまうのです。

次に、低血糖症の人は代謝が極端に下がってしまうので、気血水の流れが悪くなり、邪気をたくさん取り込んでしまいます。代謝が低ければ、邪気の排出もうまくできません。こうして、どんどん邪気をため込んでしまいます。

最後の理由は、**低血糖によってセロトニンを中心とした神経伝達システムが破綻し、体癖が乱れてしまうからです**。セロトニン・システムが機能しなければ、抗重力筋がうまく使えずに、体が倒れ込んだような状態になってしまいます。すると筋肉がいびつな形で体を支えなければいけなくなって、筋肉の発達に歪みが生じます。こうして体の中心軸が失われ、排泄が進まなくなって邪気がたまってしまうのです。

このように、低血糖症というのは多くの不調を引き起こします。

しかし、残念ながら、一般の精神科や心療内科では、低血糖症の問題はほとんど取り扱われていません。血糖値の異常というのは、全て糖尿病扱いされてしまうのです。

しかも困ったことに、低血糖症の人が糖尿病外来に行っても、血糖値の異常はなかなか見つけられません。糖尿病の血糖値検査というのは1回か2回血糖値をはかるだけなので、まず低血糖症は見つけられないのです。

異常を見つけるには、5時間糖負荷検査というものをやらなければいけません。これはどんなものかというと、最低でも検査前8時間から10時間は絶食して、検査する直前に甘いシロップを飲み、その後、30分おきに採血するという検査です。血糖値だけではなくインスリンもはかるのですが、5時間ほどかけて10回ぐらい検査をします。これで初めて、血糖値が乱高下するといった、血糖値の異常がわかるのです。

しかし、こういう検査をやっているところは日本では非常に少なく、分子整合栄養医学を扱っているクリニックとか、予防クリニックくらいでしか、力を入れて行ってはいません。

低血糖を改善するためには、食べる順番を変える

低血糖を改善するためには、食べる順番に気をつけることが大切です。血糖値を上がりにくくし、さらに糖質の摂り過ぎを防いでくれる順番というものがあります。

まず、野菜料理を必ず入れるようにしましょう。付け合わせ程度の野菜ではなく、野菜を主役にした料理、サラダや野菜炒めのようなおかずを入れるようにしてください。

最初に、動物性のものと野菜料理を食べるようにします。このとき、メインが魚料理

であれば、魚料理を食べたあと野菜料理を食べるという順番にしてください。そして、ご飯は最後に食べます。

この順番で食べることで、インスリンの分泌がよくなり、また、ご飯の食べ過ぎを防ぐことができます。

「おかずと一緒にご飯を食べなさい」と言われて育った人が多いので、慣れるまでは違和感があるかもしれませんが、慣れてしまえばどうってことありません。

お酒を飲む人は、お料理をつまみにお酒を飲み、最後にご飯でシメにしますよね。あの食べ方は、低血糖予防になるのです。ただし、日本酒は糖質が多いので、お酒を飲むときには注意してください。

なぜスピリチュアル系の人は解毒にこだわるのか

スピリチュアル系の人は低血糖症になりやすい傾向があります。これは、解毒や少食にこだわってしまうからです。

解毒のためには、断食をしたり、朝食を抜いたりします。確かにそれで解毒はできますが、栄養が足りていないときに断食をやると、低血糖症を起こしてしまうのです。

夜に食事をしてから朝まではかなり時間があるので、朝は誰でも軽い低血糖の状態になっています。ですから朝は血糖値を上げなければいけないのに、「朝は排泄の時間だから」と言ってほとんど食べずに水やお茶ばかり飲んでいる人がいます。これでは血糖値が上がらないため、神経伝達システムを使って無理やり血糖値を上げることになり、体に大きな負担をかけてしまいます

解毒にこだわり過ぎるのも考えものです。

栄養がきちんと摂れなければ、低血糖を招いてしまいます。

もちろん解毒自体は悪いものではありません。ただ、どこに重きを置くべきかということを、自分自身で明確にしないといけません。

スピリチュアル系の人たちには、低血糖という概念がないので、いきなり解毒から入ってしまいがち。こうして、体によいことをしているつもりなのに、逆に体調がしんどくなってしまうのです。

血糖値を安定させるためには、前述のローカーボがとても有効です。

邪気を受けない心をつくるために必要なこと

- 自己肯定感の増幅
- 否定的な認知と否定的な感情の軽減
- 否定的感情の操作

の3つがポイントです。

ここで言う「認知」とは思い込みのことです。

自己肯定感が増幅したとしても、否定的な思い込みはあまり減りません。自己肯定感をふやすのとは別に、否定的な認知を変えていくことも必要なのです。

また、否定的な認知を変えても、やっぱり否定的な感情は出てくるので、**否定的な感情（主に恐怖）を上手に操作する方法を覚える必要があります**。

邪気を受けない心づくりの具体的方法

◆自己肯定感の増幅

自己肯定感の増幅とは、自分に自信をつけることです。

一言で自信と言っても、自信には「条件つきの自信」と「無条件の自信」があります。

特殊な能力、知識、地位、資格、人脈など、社会で優遇される因子をたくさん手に入れることで得られるのが条件つきの自信です。そういった自信の種になるような因子がなくても、**自分自身の未来を深く信頼できる状態のことを、「無条件の自信」と言います。**

なぜ自己肯定感が低いといけないのでしょうか？

それは、自己肯定感の低い人は、自尊心が損なわれている状態にあり、強い怒りや恐怖心で自分を守ろうとしてしまうからです。

人は、自分自身の感情を投影することでしか世界を見ることができません。

自信がないということは、自分を信じられないということです。

これでは、世界を信じることなどできません。世界は恐怖であふれているという認識を持って、世界を怖れ、未来におびえることになってしまいます。

基本的に、怒りとは取り返しのつかないことがなされたことに対する感情です。

例えば、お気に入りの服に飲み物をかけられてしまったとします。かけられたのが水であれば、シミになることもないし、さほど怒りを感じないでしょう。

でも、かけられたのがアイスコーヒーだったらどうでしょう。水をかけられたときのようにはいきませんよね。強い怒りの感情が湧いてきます。これは、取り返しのつかないことをされてしまったと思うからです。

自信のない人には、未来が好転することを信じられません。なので、マイナスの出来事がゼロの状態に戻ったり、プラスに転じたりすることを信じられないのです。

マイナスの出来事が起こると、もう取り返しがつかないと思ってしまうため、「ふざけるな！」と腹が立ってしまいます。

自尊心を持ち、自分をある程度信頼できるようになれば、世界に対しても多少は信頼できるようになります。すると、恐怖心が減ってきます。そうなれば、否定的な感情がそんなに出ることはないでしょう。

例えば財布を落としたとしても、また働いて稼げばいいと思えるので、怒りや悲しみがそんなに湧いてこないのです。

◆「私は無条件に自分が大好き」と自分に暗示をかける

この自己肯定感を増幅させるのに、最も簡単で効果的なのは、自己暗示です。「無条件に自分が大好き」という言葉をひたすら唱え続けます。

多くの人が、「そう唱えても『そんなことはない』いう反発心が湧いてくる」と言います。それで構いません。

例えば、コップに真っ黒な墨汁が入っているとして、「これをきれいな水だと思い込め」と言っているわけではありません。コップに水をどんどん注いでいったら、墨汁はあふれ出て、だんだん透明になっていきますよね。それと同じことを目指しています。

神経系に新たな記憶を上書きしていくのです。しだいに、古い記憶は薄れていくでしょう。

英単語を覚えるとき、ひたすら発音したり書いたりを繰り返します。そこに劣等感があるかどうかは関係ありません。繰り返せば覚えます。それと全く同じ作業です。

繰り返すときは、心を込めなくてもかまいません。

雑務をしながらでいい。機械的でいい。細切れで構いません。

これを繰り返すだけで、いつか劇的な変化が表れます。

◆「この感情は幻想である」という自己暗示をかける

否定的な恐怖を感じているとき、「この感情は幻想である」という、自己暗示をかけることも効果的です。

恐怖心や怒りといった感情は防衛本能から発せられます。

防衛本能のやっかいなところは、自分にとって危機ではないことに対してもムダに信号を発してしまうということです。

例えば、人前で緊張したとします。緊張は恐怖の一種で、防衛本能から発されています。人前で失敗して笑われたら恥ずかしいですが、死ぬほどの危機ではありません。なのに、防衛本能がムダに反応してしまい、緊張という恐怖を感じるのです。

緊張しないようになるには、「これは本来は反応しなくていい感情なんだよ」と脳に刷り込む必要があります。否定的な感情が湧いたら、すぐに、「この感情は幻想である」と自分につぶやくと、防衛本能が「あっ、これには反応しなくていいんだ」と認識するようになるのです。

例えば、ジェットコースターに初めて乗ったとき、とても怖かったと思います。でも、慣れてくればだんだん怖くなくなりますよね。あれは、防衛本能が「これでは死なないんだ」と覚えてくれたからです。それと同じことを、自己暗示によって毎日学習させていくわけです。

◆「この世は幻想である」という自己暗示をかける

これも同じ発想です。私たちはこの世を絶対的な現実だと思っているから、「ここで失敗してはいけない」という気持ちが働き、否定的な感情が湧いてしまうのです。

生まれ変わりを信じていると気持ちが楽になるのは、本質はあの世であって、この世ではドラマを演じているだけだと認識できるからです。

そのことを言葉で、「ここはあくまでもドラマの世界なんですよ」と自分の防衛本能に繰り返し教え込むのです。

◆肉体的アプローチによって否定的思考と感情を抑える方法を学ぶ

自己暗示を行うことで自尊心が上がり、不安や恐怖は大幅に減っていきますが、それでもまだ否定的な思考や感情は湧いてきてしまいます。

それを肉体的アプローチによって抑える方法があります。

ウツっぽいときや悲しいときに、動的な形で強制的に体を興奮させて、気分を盛り上げていくのです。

まず効果的なのは、リズム運動です。ジョギングや、踏み台昇降、エアロビクス、縄跳びといった、一定のリズムを繰り返す運動をすると、セロトニンの出が非常によくなって、否定的な感情から自然と抜けられます。

次に、胸式呼吸です。深い胸式呼吸をすると、脳が活性化してやる気が湧いてきます。

◆「今、自分は何を考えているのか、それは果たして有益なのか」と常に問いかける

以上のことをやったとしても、それでもやはり否定的な思考が上がってくることがあります。そんなときは「今、自分は何を考えているのか、それは果たして有益なことなのか」と自己質問するといいでしょう。

人間の思考の90％以上はどうでもいい否定的なことばかりです。これは、否定的なことを考えることによって、危機に備えるという防衛本能を持っているからです。放っておくとどんどん否定的なことばかり考えてしまうので、自分に問いかけをして、その癖を抑えていく必要があります。

例えば、スマートフォンでリマインダーを30分に1回ぐらいかけて、それが鳴ったら、「今自分は何を考えているのか、それは果たして生産的なことなのだろうか」と自分に質問します。すると、自分の思考が適切でないことに気づけるようになります。

これをやると、否定的な感情と思考が大幅に減っていきます。そうすれば、否定的な波動は飛ばなくなるので、否定的なエネルギーが返ってこなくなります。

地球と合一する

地球と合一するなどと言うと、大げさに聞こえるかもしれません。

しかし、それは自分次第で可能です。地球との間で波動共鳴を起こすことが、すなわち地球と合一することになります。

理由としては2つあって、1つ目は、これが最も効率的なサバイバル方法であること。第1章で述べたように、ロシアの科学者の話の実験で、さまざまな周波数を出せる金属棒をシャーレの中の雑菌に近づけると、波動の違いによって雑菌が大繁殖したり消滅したりするという結果が出ましたが、地球と人間の関係にも同じことが言えるわけです。

本格的に波動を上昇させるまでの地球は、金属棒からエネルギーが出ていないような状態でした。基本的によくないエネルギーだったのですが、人類に影響を与えるような波動は持っていなかったということです。

ところが、今は波動上昇が行われているということは、地球から急激に特徴のある周波数が出される状態になるということです。しかもそのパワーは金属棒とはわけが違います。

ですから、**もし自分が地球が放出している周波数と相反するエネルギー体を持っている場合は大きな影響が出て、かつ肉体的にも精神的にもさまざまな不調が生まれます。**その結果、日常生活にも大きな歪みが出てしまい、最終的には立ち行かなくなってしまうということです。

現実的な次元で言うなら、時流に合致しているかどうかということです。ビジネスにしても、時流に合致していないことをやればどんな天才でもうまくいきません。

それと同じで、地球が急激な勢いで、よき方向に大量の波動を放出しているのだから、そこに合致させることができれば楽に生きられるだろうし、そうでなければ、どんな生き方をしたところでうまくいかなくなるでしょう。

2つ目としては、地球と人類は基本的に2つの音叉のような関係であるということ。地球のような巨大な音叉はどこにもなく、しかもとんでもなく強力です。地球と人類が同調すれば、地球という音叉に共鳴する人類という音叉ができ上がります。

そうすると、肉体、精神、日常生活においてとんでもない恩恵が得られるし、同時にエネルギー体も超高次元で活性化していきます。これが個人的な波動上昇につながるし、波動上昇してしかも地球に合致しているのだから、否定的なかたちの好転反応とか、邪気が吸着しやすくなるということは大幅に減るでしょう。

これが「地球と合一する」という話です。

では、合一するためにはどうしたらいいかというと、ありがちだと思われるでしょうが、**「地球に感謝する」ということです。**

なぜ感謝するかというと、感謝することで共鳴が起きるからです。例えば人に対して感謝する、それはその人を認めているということ、認めるということはその人を理解しようとするということであって、理解とは共感であるということ。

では地球の何に感謝するかというと、**地球という存在そのものに、**です。

それによって、地球を認めている、同時に共感していることになります。

共感することは波動共鳴につながり、共鳴するということは地球という周波数を出す金属棒と周波数が合致することであり、したがって当然エネルギー体に巨大な振動が引き起こされるので、個人的なエネルギー体も過剰活性を起こしていき、結果として波動上昇、あるいはアセンションが可能になるでしょう。

自分を許し感謝する

地球に感謝するためには、やはりある程度の自己肯定感が必要になってきます。

なぜなら、自己否定が強いと注意制御機能がうまく働かず、自分にとっての不満や恐怖に注意が集中してしまい、何事も肯定できなくなるからです。

実際に自己否定感の強い人は、やはり他人に対しても否定的になってしまいます。他人の長所を見ることが難しくなってしまうからです。

だから、いろいろな要素はありますが、自己否定感が強い、イコール注意制御機能の歪みであると言えます。逆に肯定感が強いということは、注意制御機能が肯定的な方向に向いている、よい状態だということです。

ということは、自己肯定感がもし強ければ、地球の肯定的な要素あるいは地球全体を肯定することができ、自分に関しても自己肯定感があるので、当然注意制御機能が改善されて、地球そのものを肯定し感謝することができます。それによって地球と波動共鳴し、地球がパワフルな音叉もしくは肯定的な金属棒として働いて、恩恵を与えてくれます。

そうした理由で、自分に感謝することが必要になってくると思います。

自分に感謝することと、自分を許すことは一緒です。感謝するということは肯定するということなので、結果として許しています。

自分を許せないということはどういうことかというと、自分がやらかしたことに注意を向けているということです。

そういう意味で、多くの人は、許すということをわかっていないのです。だから「自分を許しましょう」と言って、延々と「あのときのこと」「自分がやらかしたこと」を思い出し続ける。そうすると、そこにより注意が向いてしまうからより許せなくなる。

もちろん他にもいろいろな要素がありますが、基本的には注意が向かなければどうでもよくなってくるのです。

忘れようと思うとそちらに注意が向いてしまうので、それを違う方向に向けるというふうに、注意制御機能の開発をしていくことが、ここでも必要になります。

感謝のよい点は、注意が肯定的な方向に向かうことです。

例えば常に文句しか言わない人だったら、ＡさんならＡさんの悪いところや問題点だけに注意が向きますが、仮に感謝できるなら、Ａさんの長所やうまくいっているところに注意が向きます。

つまり感謝するというのは、言い換えれば肯定的な方向に注意を向けるということです。

もう1つ、幽界、冥界の否定的なエネルギーの影響を軽減する、最も自己完結的にできる効果的な方法としては、高次領域のエネルギーを自分に取り入れて幽界冥界に向けて出力するという方法があります。とはいえ、高次領域のエネルギーを意識的に扱うことは、気功家でもめったにできないくらい難しいのは確かです。これらは高度なテクニックなので、また別の機会にお伝えしましょう。

しかし、**心から感謝できると、自動的に高次領域と同調できる可能性が十分あります。**

例えば病気に対して感謝できると癒えることがありますね。もちろんプラシーボもあるし、注意制御機能がそこに向かなくなるから病気をつくらなくなるという要素もあるわけですが。

別の例を挙げると、「ありがとう」と書いた紙を貼った容器に入れておくと米が腐らないといった話があります。それが本当なら、ありがとうという文字から抗酸化力のある高次の波動が出ているから腐らなくなっていると解釈できます。

文字だけでそこまでの力があるのなら、人間という本来はとんでもない潜在的な力を持っている存在が正しく深く感謝できたら、即高次領域と波動共鳴を起こして、高次のエネルギーが入ってくるでしょう。

エネルギーが入ってくるということは、自動的に出力されるのが波動の法則なので、幽界冥界のエネルギーが消滅して、さらに高次領域からのホログラフィの投影がよくなって、否定的なエネルギーがより消えて善循環になっていく、そういった意味でも感謝することが大切になってきます。

心からの感謝がなくて、単に「ありがとう、ありがとう」と繰り返しても、あまり意味はありません。ただ、ありがとうと言い続けていると変なことは考えないので、注意制御機能の一時的な改善にはつながります。あれこれ考えずに念仏を唱えるのと同じようなものです。

学問のない昔の人が、ひたすら念仏を唱えながら農作業をしていたらアセンションしたという話も、結局余計なことを考えなかったのと、それで高次元と波動共鳴を起こした結果と言えます。

邪気を受けないようにするためのエネルギー対策

邪気を受けにくくするための体づくり、心づくりをしたあと、さらにもう一工夫することで、より一層邪気を受けにくく、そして、ためにくくすることができます。

正しい胸式呼吸をする

一般に、腹式呼吸がよくて、胸式呼吸がよくないといったイメージがあります。第3章124〜129ページで述べた通りです。

しかし、正しく行えば、腹式呼吸には腹式呼吸のよさが、胸式呼吸には胸式呼吸のよさがあるのです。ただ、腹式呼吸については、正しく行うことが難しく、習得までにかなりの練習が必要になります。なので、**まずは正しい胸式呼吸を覚え、体を深い呼吸に慣らしていきましょう。**

やり方はとても簡単です。軽くお腹に手を当てて、これ以上おなかが出ないように押さえておきます。そして、ゆっくりと息を吐いていきます。息を全て吐ききったら、今度はゆっくり吸っていきます。

このとき、肩を上げないようにしましょう。ちょうど胸に1本の管が入ったような、空気がそのまま真っすぐ入っていくイメージです。スーッと空気が入ってくることを想像しながら、軽やかに呼吸します。息をたくさん吸っても、お腹がほとんど出ないことを目標にすれば、簡単に胸が広がっていきます。

できれば**口から吐いて鼻から吸うようにしましょう**。吐くときは口からでも鼻からでもかまいませんが、吸うときは必ず鼻から吸いましょう。これが正しい胸式呼吸です。

これで酸素が体にいきわたり、頭がすっきりします。

これをしっかり覚えてから腹式呼吸をやるようにしましょう。

まずは正しい胸式呼吸を徹底的に覚えてください。胸式呼吸だけで肺活量が3000～4000シーシーぐらいいくように頑張りましょう。

胸は絶対に反らせません。胸を反らせずに、背中のほうまで空気を入れるイメージで行います。胸を反らせると呼吸が浅くなり、脳の血流が減り、疲れやすくなります。正しい胸式呼吸をするようになると、胸が少し広がってきます。2カ月ぐらい真面目にやっていれば、できるようになるでしょう。

身の回りの物理的な環境設定を変える

体づくり心づくりをいくら頑張っていても、環境に問題があれば邪気を受けてしまいます。実は私たちは、邪気を受けてしまうような環境にみずから身を投じていることが、意外と多いのです。まずは、それを可能な範囲で避ける必要があります。

◆高圧電線のそばに住まない

電磁波が体に悪いかどうかは疑問です。確かに耳元につけて会話する携帯電話は発がん性がありますが、遠くの電磁波が脳腫瘍《のうしゅよう》をつくるとかいう話は、僕は信じていません。

しかし、電磁波が気を乱してしまうことは否定できません。強い電磁波を受け続けると、邪気がたまりやすくなります。

また、高圧電線のそばにはワームホールができます。中でも幽界に直結したワームホールができることが多く、不成仏霊が現れやすくなります。

◆人工の大きな河川のそばに住まない

人工河川は、よいエネルギーを奪ってしまいます。よい気が流されていってしまうのです。よどんだ川は、幽界のエネルギーとそっくりです。

可能であれば、人工河川のそばには住まないほうがいいでしょう。

◆路面電車の通るそばに住まない

電車が走っている場所は、エネルギー的に見て高圧電線と変わりありません。

◆墓地のそばに住まない

墓地は否定的なエネルギーのたまり場です。近くに住まないに越したことはありません。

◆井戸はなるべく蓋《ふた》をしない、もしくは祈禱《きとう》をする

井戸の神様は幽界の住人なので、蓋をすると怒ってしまいます。腎臓病や家庭不和といった形で影響が出るでしょう。

◆古い家に住まない

古い家には経年劣化もありますし、人の念がたまってしまいます。

◆古い家から引っ越せない場合は、クロスの張りかえなどのリフォームを行う

古い家でも、クロスの張りかえなどのリフォームをするだけで、エネルギーはとてもよくなります。クロスを張りかえるとき、エネルギーを発するセラミックパウダーを結着剤にまぜておけば、壁からよいエネルギーを放出するイヤシロチになります。

◆高層マンションやアパートの２階から下には住まない

悪いエネルギーは下に落ちてくるため、１・２階はそのエネルギーが圧縮されていきます。３階建てぐらいならいいのですが、８階、10階、20階建てぐらいになってくると、１・２階ではさすがに問題が出てくるでしょう。

◆坂の下には住まない

これも、悪いエネルギーが坂から降りてきて、坂の下にたまってしまうからです。

◆部屋の物を徹底的に減らし、整理整頓をする

物が多いのは問題です。経年劣化などの理由から、物にはエネルギーがたまっていきます。あまり物をふやしすぎないようにし、整理整頓を心掛けましょう。

◆人形は置かない

不成仏霊がヤドカリの原理で人形に入ってしまいます。

◆年代物の絵や骨董品関係は置かない

年代物の絵や骨董品には、人の欲だか何だか、不可思議なものが入るものです。すがすがしい絵も中にはありますが、昔の絵はおどろおどろしいものが多いです。また古美術は大半が投資対象になっていますから、そういった意味でも、あまりエネルギーがよくありません。金融商品と化しているため、エネルギーをムダに吸っているのです。

また新品の絵を買っても、それを30〜40年も置いていたら、経年劣化によってよくないエネルギーに変わっていることがあります。

◆風を1時間に1回は入れる

窓を定期的にあけて、風を流して空気の入れ替えをしましょう。

よどんだ空気とともに、邪気も外に出ていきます。

◆睡眠時とその1～2時間前以外は、部屋を常に明るくする

部屋を明るくしただけで、部屋のエネルギーはとてもよくなります。

特にトイレ、台所、風呂場、洗面所、玄関は、徹底的に明るくしておいたほうがいいのです。僕は一年中つけてあります。LEDライトにすれば、電気代はタダみたいなものです。

しかし、睡眠時に電気をつけていては眠りが浅くなってしまいますし、熟睡するためには、メラトニンがしっかり出るように、眠る1～2時間前から少し暗めのところで過ごしておいたほうがいいでしょう。

◆部屋の汚れを可能な限り落とす

否定的なエネルギーは汚れからたくさん発せられています。部屋はなるべくきれいに

しておきましょう。

◆パソコン、テレビ、スマホを止める

パソコン、テレビ、スマホを見ているときは、脳血流が極端に下がっています。

◆イチョウ葉を摂る

イチョウ葉のサプリメントを摂ることで、脳の血流を上げることができます。それによって代謝が上がります。しかし、眠るときは脳の血流を下げなければいけないので、午後3時以降はやめたほうがいいでしょう。

特に趣味で瞑想や気功をやっている人は、イチョウ葉を飲んだほうがいいでしょう。

◆本やパソコン、テレビは目線より高い位置で見る

パソコンやテレビを目線より低い位置で見ると、首が締めつけられてしまいます。台を使うなどして、目線よりも少し高い位置に画面がくるように調整しましょう。

そうすると首が凝りづらくなります。

◆かたい布団で寝る

腰を沈ませないためです。僕は、布団を一切使っていません。フローリングで寝ています。さすがに布団を使わずに寝るというのは極端なので、真似しなくても構いませんが、なるべくかたい敷布団を使うようにしてください。

◆食事にレモン、パイナップル、ショウガ、バルサミコ酢を使う

これで消化能力が一気に上がります。

◆善玉菌

腸内環境を善玉菌が優勢になるように整えてあげましょう。

善玉菌のサプリメントを摂る場合、菌は生きていても死んでいてもかまいません。なるべくたっぷり摂って、一気に善玉菌をふやすようにしましょう。少しずつ摂っても、

あまり意味はありません。

◆ペット

ペットは否定的なエネルギーを吸ってくれますし、精神安定にもつながります。衛生面にさえ気をつければ、ペットを飼うことはとてもおすすめです。

◆マンホールを踏まない

マンホールの下は邪気がたまっています。僕は歩くとき、マンホールを避けて通ります。周りからは、ちょっとおかしい人に見えているかもしれません。

受けた邪気を排出する方法

第5章

邪気を受けたときの小手先の排出方法

邪気を受けないための対策をいくらやったとしても、ある程度は否定的なエネルギーを受けてしまいます。

エネルギー感度が高い人や、セラピー関係の仕事についている人は特にそうです。邪気を受けても、それをしっかり排出できれば問題ありません。

邪気を排泄するためのテクニックについて、お話しします。

◆漸進的筋弛緩法《ぜんしんてききんしかんほう》

体をウッと一気に硬直させて、ダラーンと脱力します。これによって、血管がいったん縮み、脱力したときに一気に広がって、排泄が可能になります。

◆腸腰筋のストレッチ

第４章で紹介した正しい立ち方や歩き方になっても、腸腰筋を伸ばさなければ、すぐに元通りになってしまいます。腸腰筋を柔軟にしましょう。

まず、正座をします。そこから右足を前に出します。爪先は真っすぐにしておきましょう。このとき、膝が内旋しやすいので気をつけてください。そして、骨盤を左斜め前に突き出すようにして、左の腸腰筋を伸ばします。一気にやらないで、イタ気持ちいい程度に軽くやってください。

反対側も同じようにやります。初めからあまり熱心にやっていると痛くなってしまうので、休み休みやることです。

これは不妊症にも効きます。これだけでも骨盤に非常に大きなエネルギーが行くため、子どもを宿しやすくなるのです。

このストレッチで腸腰筋を伸ばすと、正しい立ち方が楽にできるようになります。

◆太ももストレッチ

脚が内旋している人は、腸腰筋だけでなく、太ももが張ってしまい、厚くなっています。そこを伸ばしましょう。

立ったまま、右の膝を曲げ、足先を右手でつかみます。つかんだ爪先をお尻に押しつけるようにして、太ももを伸ばしていきます。

この時、反り腰にならないように気をつけましょう。腰を真っすぐにした状態で後ろに引き上げます。反り腰のままでは、太ももは伸びません。

このストレッチでは、太ももだけでなく、腸腰筋も伸びていきます。これを続けていくと、太ももがだんだんやわらかくなっていきます。初めは、壁につかまりながらやっても大丈夫です。

腸腰筋と太もものストレッチをやった後で歩いてみると、足がとても出やすくなっているのがわかります。

◆インナーマッスルの開発

体癖を正した人は、次にインナーマッスルを鍛えます。インナーマッスルは、必ず体癖を正してから行ってください。そうでないと、かえって体を壊してしまいます。

インナーマッスルの鍛え方にはいろいろありますが、中でもおすすめなのは、ピラティスと太極拳です。

ピラティスはインナーマッスルの開発にとても有効なのですが、反り腰をどうにかしようという理論がありません。なのに腸腰筋を使う内容が多いので、反り腰の人は反り腰がさらに悪化することがあります。

ピラティスをやるのなら、反り腰を治してからにしましょう。それであれば、とてもいいと思います。

太極拳は、体幹を鍛える動きです。これをやるだけで体幹が鍛えられます。

ただ、一つ一つを意識して丁寧に動かさなければ、膝を壊します。重心をどこに置いているのかを丁寧に意識しながら体を動かしていきましょう。

爪先に重心を置くときは、中心軸から体幹に向かって力が伝わり、足の指何本に伝わっているか、腸腰筋は固まっていないかということを、一つ一つ細かく把握しながら、太極拳を行います。見た目だけ真似をしていたのでは、下手をすると膝が痛くなってしまいます。

◆イメージを用いた胸式呼吸

どす黒い息を吐き、きれいな息を吸う。このイメージで深い胸式呼吸を行います。やった後は、必ず15～20分は換気してください。そうでないと、かえって邪気がたまってしまいます。窓をあけながら呼吸を行い、その後も15～20分換気するのがベストです。

◆指伸ばし

気は、手足の指先から出ていきます。指を伸ばすと、指先の血流が一気に上がり、悪い気が出ていきます。

◆足ぶつけ

足をドンドンと床にぶつけると、邪気がどんどん出ていきます。邪気は物質に近いので、物理的な影響を受けやすいのです。

古典的な霊能者が、邪気を追い払うときにパーンと手を鳴らしたり、太鼓をドーンとたたくのは、物理的な刺激を使っているためです。

◆空吐き・空咳

不成仏霊を浄化するとき、霊能師さんも一緒に咳き込んだり、ウエッとなったりします。傷んだ食べ物を摂ってしまったときは、それを吐き出しますよね。霊的な点でも同じことが起こります。

ただ自動的に吐くのを待つのではなくて、演技として空吐きを行います。吐くふりをするだけでも出ていくのです。女性は抵抗があるかもしれませんが、かなり有効です。

同じように空咳も効果的で、自分から咳をします。

◆手によるグルグルポイ

エネルギーが入力されるとき、それは一直線に入るのでなく、右らせんを描いて入っていきます。ねじと一緒です。そして出力されるときは、左らせんを描いて出ていきます。手を右回転すると、それだけで入力の周波数と一致するためエネルギーが入ってくるし、逆に、左回転すると悪いエネルギーが出ていきます。こういう簡単な方法もあるのです。

◆人型《ひとがた》を使ったグルグルポイ

自分で自分にグルグルポイをしても、あまり効果がないことがあります。

そういうときは、人型を使います。

まず、紙に自分の名前と生年月日を書きます。頭に邪気をもらったとすると、人型の頭のあたりで左回しします。使った人型は、燃やして灰にしてから捨てます。灰の状態になっていれば、普通にゴミ箱に捨てて大丈夫です。

これを何回か繰り返すだけで大幅に軽減します。

本当はちゃんと人の形をした紙を使ったほうがいいのですが、結構手間がかかるし、恥ずかしいので、簡易的なもので十分です。

生年月日と名前を書くと、波動が特定できます。それを書かずにやってしまうと、全く関係のない人に作用する可能性があります。

邪気をもらった場所をサーチする方法は、敏感な人だったら、「ここが冷たい、ここが温かい」という違いでわかります。自分では感じることができない人は、Oリングやフーチをすれば、ここがちょっと弱い、ここにたまっているということがわかります。

そして反応が悪かったところを中心にグルグルポイを行えばいいのです。

これは簡単で非常に効果的な方法です。

◆下丹田幽界気排出

もっと効果的なのは、下丹田幽界気の排出です。**否定的なエネルギーは下丹田にたまります**。浅いものだったらグルグルポイでもいいのですが、深いものだとちょっと取り出すのが難しい。

それを取り出すには、まず人型に「下丹田幽界気排出」と書きます。

そして自分の名前と生年月日も書きます。

椅子に座って、人型を手の届く適当なところに貼ります。

人型に向かって手の平をかざします。そして、手を握り込んで引っ張る動作をします。このとき、人型のお腹のところから赤黒いさびが出てくる様子を、何となくでいいからイメージします。これで、否定的なエネルギーが強力にとれます。

トラウマなども、かなり効果的にとれていきます。これは、緊急対策法であり、同時に、自分でできるかなり効果的なヒーリング方法でもあります。

自分でも、下丹田から邪気をとると思いながらやりましょう。そうしたら、肉体ではなくて、自分の肉体の１つ上にある幽体でつかんで、取り出すことができます。

これは、自分に対してだけ行うようにしましょう。

他の人にやってしまうと、このエネルギーはすさまじく重くて力強いため、そのままそっくりもらって大変なことになります。

邪気を出したら、部屋を換気します。大体20～30分で消えていきます。

もし気になるのであれば、その辺に炒った塩を適当にまいて、しばらくして掃除機をかけて捨てます。ベランダでやるのもいいでしょう。

これに使った人型は、きれいだったらまた使うこともできますが、できたら、燃やしたほうがいいと思います。

◆鎖を取り出す排出法

椅子に座ります。肉体よりも一回り大きな透明な自分をイメージしてつくりましょう。その透明な体の下丹田あたりに手を開いた状態で入れてください。

透明な体から手が出た瞬間に、赤黒く錆《さ》び付いた太くて重い鎖もひっぱり出されるところをイメージします。これを３〜５回繰り返してください。

先ほどと同様に、高度なイメージと集中力はいりません。

終了後は必ず15分以上換気してください。

この方法だと軽い腹痛や下痢を起こすことがあります。生理の最中や直前にやると、長引いたり痛んだり、悪血が出たりするかもしれません。

邪気を排出するための物理的な環境設定

・海

海水浴がおすすめですが、足を海水に浸すだけでも効果はあります。
海に頻繁に行くのが難しいようであれば、塩風呂でもいいでしょう。
手の平に山盛りの自然塩を、お風呂の湯に溶かして入浴します。

・強風地帯

風はたまった邪気を剝がしてくれます。

・温泉

土からエネルギーが入力され、たっぷりのお湯で流してくれます。
海、強風、温泉のどれでもいいので、日常的に行えると効果的です。

イメージの活用

◆エネルギーの柱による結界

まず青白い空間を何となくイメージします。

このとき、目はあけたままでかまいません。

次に、黄金の自分をイメージします。波動の高さでいうと白光のほうがよいのですが、白光は邪気をとてももらいやすいので、黄金をイメージしましょう。

黄金のほうが白光より波動は若干低いのですが、邪気をもらいづらいという利点があります。

自分を中心に、１メートル四方の４つの角をとります。その４つが黄金色に発光します。集中できなくても、不鮮明でもかまいません。鮮明にイメージするのは、最初は難しいと思います。

4つの角から、タケノコのように、太さ20センチほどの4本の黄金の柱が、垂直に2メートルほどの高さまで伸びるところを想像します。

それが音叉のように共鳴し合って、壁と天井をつくります。これも、何となくのイメージで大丈夫。意識するだけでいいのです。

そして**「結界覚醒」**と心の中で3回思います。

そうすると、2時間はもつはずです。

これを1日3~4回やれば、否定的なエネルギーはかなり受けにくくなります。

◆意識のエネルギーの柱による結界

「イメージによる結界」がやりにくいという人は、「意識のエネルギーの柱による結界」という方法もあります。

自分を中心に、1メートル四方の4つの角を決めて意識します。大体でかまいません。意識の世界はいいかげんでいいのです。

その4つ角に、空気のような無色透明な柱が立っていることを意識します。

その前後左右に空気のような壁がつくられ、上から天井がつけられるところを軽く意識します。なんとなくでかまいません。

その箱の中で、「結界覚醒」と3回、口にします。心の中で思っても結構です。

それだけでも否定的なエネルギーは大幅に軽減します。

イメージは鮮明でなくても大丈夫

エネルギーを扱うときには、イメージは必須です。そのとき、「イメージは鮮明にしなければいけない」と思っている人がいるようですが、それは違います。別に鮮明でなくても、なんとなく意識できていれば大丈夫です。

鮮明なイメージを描くことができる人は、ほとんどいません。中にはイメージを鮮明に描ける人もいますが、それは自閉症やサヴァン症候群といった特殊な人たちです。

鮮明なイメージを描けばいい瞑想ができたり、いい気を発せられたりしそうですが、実際にはあまり関係ありません。鮮明なイメージにとらわれていると、なかなか上手に描けずに挫折してしまいます。
よく「右脳開発をすればイメージが鮮明に描けるようになる」と言いますが、これも間違いです。右脳開発は関係ありません。

僕は極めて鮮明なイメージを描けます。写真記憶もできます。ちょっとした霊能力も持っています。でも血流をはかると、僕の右脳の血流は悪いのです。これらは、僕が自閉症だからできているにすぎません。
右脳開発には何の論拠もありません。左脳もイメージをつかさどるし、右脳も言語をつかさどります。右脳、左脳というのは、大ざっぱな定義です。右脳開発を教えている人に、イメージ力がないなんていうのは、よくあることです。

余談ですが、子どもに写真記憶を身につけさせようとする親がたまにいます。これは、絶対にやめたほうがいい。写真記憶は一見便利なように思えますが、過去のいやなことを永遠に忘れることができなくなります。しかも、それがいつでもどこでも突然フラッシュバックで蘇《よみがえ》ってしまい、かなりストレスフルな毎日になってしまいます。自閉症の人はみんなそうです。

僕のところに相談に来る自閉症、アスペルガーの人たちは、「このよすぎる記憶力をどうにかしたいです。忘れられるようになりたいんです」と、泣きながら訴えます。

彼らは決して忘れられないのです。20年、30年前のことも、さっきあったことのようにリアルに思い出します。写真記憶なんて身につけるものではありません。

イメージには映像によるものと意識によるもの、2種類がある

例えば「リンゴを思い浮かべてください」というのはイメージです。「リンゴがここにあると思ってください」というのも、実はイメージです。

鮮明なイメージを思い描くことはまずできませんから、**イメージが必要なときは、「その対象を意識すればいい」ぐらいに捉えておけば大丈夫です。それだけでも十分に気は扱えるようになります。**

「手から気を出すために、黄金のシャワーをイメージしましょう」などと言われますが、手の労宮《ろうきゅう》というツボを意識しただけでも、気はたくさん出ます。イメージなんてしなくても、意識するだけでいいのです。

イメージのかなめとなるのは集中力

イメージをするとき、大事なのは鮮明に描くことではなく、集中力です。

集中力のないスプーン曲げ超能力者なんて聞いたことがありません。ウーンと集中して、ポキッと曲げます。普通の状態で曲がるわけがないのです。

集中力＝意識の集約＝気の集約です。

集中力を鍛えることこそが「エネルギーを扱う力」をつけることにつながります。

イメージ力は鍛えようがありませんが、集中力をつけることは簡単です。

第6章

エネルギー出力を上げるための方法

エネルギーの出力を上げる

エネルギー出力を上げるためには、次のことが大切です。

・集中力を上げる
・湧泉を活性化させる
・気功の站椿功《タントウコウ》をやる

集中力を上げる

繰り返しになりますが、集中力＝意識の集約＝エネルギーの集約です。
集中力がなければ、何もできません。

◆湧泉を活性化させる

また、足のツボである湧泉を活性化させることが大切です。足の裏からも気を出せます。実は手よりも足のほうが10倍以上は気が出せるのです。

僕も、重い病気を気で治さなければいけないときは、足でやることがあります。手だと、できることが限られてしまうのです。

◆站椿功

站椿功は気功の一つです。現実的な次元でこれほどエネルギーの出力を上げてくれる方法はありません。地味ですが、かなり優秀なものです。

262ページで詳しく説明します。

エネルギー出力の高め方

エネルギーを高めていく方法には、２つのステップがあります。**生命力を圧倒的に高めていくこと、次に、霊的なエネルギー出力を高めていくことです。**

生命力というのは、エネルギー的なものではなくて肉体を重視したものですが、肉体に関してはすでに述べてきました。

では、霊的なエネルギー出力を高めるためにはどうしたらいいでしょうか？

いろいろな方法がありますが、太極拳を覚えるといいでしょう。

太極拳は気の流れをかなり考えてつくられているので、太極拳では気功で言う偏差《へんさ》（気による副作用のようなもの）を起こすことはほぼありません。とてもきれいなエネルギーの流れをつくってくれます。

ただ、あまりカッコつけてやってしまうと股関節をおかしくする人がいるので、そこは少し注意が必要です。

体癖に気をつけながら気功の站椿功《タントウコウ》をやると、気の出力量は圧倒的なものになっていきます。

徹底した体づくりによって生命力を上げ、その上で站椿功を行えば、霊的な方面でのエネルギーの出力量が圧倒的にふえますし、同時に邪気を受けづらくもなります。

加えて、認知療法とかアクセプタンスセラピーなどによって思考や記憶の反芻《はんすう》を止めれば、情緒的な安定が保たれて、さらに変なものがつきづらくなります。

霊的な方面で活動したい、もしくは霊的な能力を持っているという自負があるなら、一流のスポーツ選手と同等か、それ以上に体に気をつかわなければいけません。

しかし、残念ながら、今までのスピリチュアルは、肉体的なことに全く目が向いていなかったので、変なものにやられてしまったのです。

ヒーラーや霊的な感受性が高い人は、自分がアスリートであるという認識を持ちましょう。それが持てないなら、霊的なものに手を出す資格はありません。

◆集中力の強化

集中力は極めて重要です。

集中力を鍛えるには、一点集中法がおすすめです。

何か見るものを1つ決めます。ボールペンでも腕時計でも何でもかまいません。

その全体を見るのではなくて、針の先ほどの1点だけに的を絞ります。

手に持っても、下に置いてもいいのですが、目をカッと見開いて、能動的に、刺すように、でも、そんなに力まずに、15〜20秒ぐらい続けて見ます。

ポスターの端っこだけを見るなどして、電車に乗っていても練習できます。

この一点集中法を行うだけで、集中力は格段に上がります。

◆ゴルフボールで湧泉を刺激する

ゴルフボールを床に置いて、足の裏をグリグリ刺激しましょう。

これを行えば、もう足裏マッサージに行く必要はなくなります。結構痛いですが、とても手軽です。今の日本人にはベタンベタンという歩き方をしている人が多く、足裏を使えていません。これでは湧泉をちゃんと意識することができません。

正しい歩き方をすると、自然と湧泉に意識が向くようになります。湧泉を中心に歩くからです。ベタンベタンという歩き方では、気の最大の出力部位である湧泉を全く意識できません。そこで、ゴルフボールで足裏をマッサージすることによって、刺激を与えるのです。

ゴルフボールによる刺激の後で、鍛えた集中力で足裏の湧泉を意識します。

もちろん、直接湧泉をじっと見つめてもかまいません。そうすると、湧泉が活性化してきて、出力を増強することができます。

◆足指でタオルをつかむ

タオルを床に敷いて、その上に立ち、足の指でタオルをたぐり寄せていきます。

タオルをつかむことで、足裏の真ん中が自動的に意識されます。結果として、湧泉が活性化していきます。

◆站椿功

まず、足を肩幅に開いて立ちます。

站椿功をやるとき、「かかとに重心を置きましょう」と言う指導者がいます。確かに伝統的な気功ではそう言われていますが、それは昔の人のことであって、現代人がかかとに重心を置いてしまうと、反り腰がまた加速されてしまいます。

站椿功をやって腰痛がひどくなっては、元も子もありません。なので、重心を多少前に出して行いましょう。しかし、ただ単に前に出すだけでは、それはそれで、まただんだん突っ張ってきてしまいますから、親指のつけ根から小指のつけ根あたりに体重を乗せるようにします。

同時に、指は地面をしっかりと噛みます。そうすることで、反りもせず、あまり前のめりにもならず、背中が軽く丸まって安定した状態がとれます。

次は、ほんの少し膝を緩めます。そして腕は、大きな風船を抱えるように前に出します。手の労宮は向かい合わせます。何となくでいいですから、黄金の風船か巨木を抱いているイメージです。

腕をすっと上げるのではなくて、肩甲骨から伸びるようにフワッと出します。そうすると腕はあまり疲れません。大半の人は肘から下だけにしか意識がいかず、余計な力が入ってしまいます。そうでなくて、肩甲骨から、ムチがしなるように出します。

これを３〜４分やります。本当は30〜40分やったほうがいいのですが、そんな時間もないでしょうし、何よりも飽きてしまうので、３〜４分で結構です。これをやるだけでエネルギーの入出力量が３〜４倍にはね上がります。

これらをやることで、肉体的にも健康になり、情緒が安定し、霊的にも、エネルギーの排泄や出力が強化されていきます。肉体的にも、精神的にも、霊的にも安定した状態になるため、毎日をとても快適に過ごすことができるようになります。

日常生活における望ましい習慣の強化

エネルギーを正しく循環させるための生活習慣について、紹介していきます。どれも手軽にできるものばかりなので、ぜひ、毎日の習慣として取り入れてください。

◆水をたくさん飲む

水をたくさん飲むと、邪気の排出が促されます。ただし、むくみのひどい人や心臓に問題のある人は、やめておきましょう。

◆朝日を見る

朝日は強い浄化作用を持っています。1秒見てすぐ眼を離してください。裸眼で見るようにしましょう。ただし最大で15秒まで。見るのはあくまでも朝日です。日の出から1時間以内がベストですが、午前10時までなら大丈夫です。日中の太陽は、決して凝視してはいけません。

◆サウナや足湯による温冷浴

温冷浴は、気軽にできて効果の高い方法です。半身浴での温冷浴もいいですが、サウナでの全身温冷浴のほうがはるかに排泄作用が強くなります。

ウツっぽい人は、サウナを使った温冷浴だけでも随分楽になります。サウナ↓水風呂（または冷たいシャワー）のセットを、2〜3回繰り返して行います。

◆断食

世間一般で行われているのは、水だけ摂る水断食や酵素飲料を使った酵素断食です。しかし、水断食は負荷が大き過ぎますし、酵素断食は酵素飲料が甘過ぎて血糖値が大きく乱れてしまいます。

どんな断食がいいかというと、食事を摂らずにココナツオイルを飲み、サプリメントでアミノ酸とビタミンB群を摂るという方法です。これなら体に全く負担がかからず、空腹も感じず、筋肉も落とさずに断食することができます。

ただし、アレルギーのある人は要注意です。また、お腹を下す人もいます。断食中、体に異変が起こったら、すぐに中止しましょう。

◆体を塩で洗う

きめの細かい自然塩で体を優しく洗うと、肌がツルツルになり、邪気もとれます。

◆塩掃除・塩風呂・塩で歯を磨く

塩をよく炒って、フローリングの床にまきます。20〜30分したら掃除機で吸いましょう。吸い取った塩はごみ箱に捨てずに水に流します。そうすれば、エネルギーがあちこちに飛びません。

みなさんもご存じのように、塩はエネルギー対策の必需品です。

塩風呂や塩で歯を磨くというのも効果的です。

◆頻繁に手と足を洗う

手や足を洗うのも、一種の浄化です。足を頻繁に洗うのは大変でしょうが、手なら洗いやすいです。手荒れが気になるときは、水で洗うだけでも十分効果があります。

道具を多用する

エネルギーに何らかの作用をもたらす道具は、たくさんあります。上手に使って、日々を心地よく過ごしたいものです。

◆コーヒー

ブラックコーヒーがおすすめです。コーヒーはエネルギーをゼロ化してくれる作用があります。クラシカルなホメオパシーでは、施術中には絶対にコーヒーを飲みません。エネルギーがゼロになってしまうからです。これは、エネルギーだけでなく、邪気にも同じことが言えます。

コーヒーを飲んでいいのは、肝臓と腎臓と胃壁、そして血糖値に問題のない人だけです。コーヒーが健康にいいか悪いか、という論争がありますが、飲む人によってかなり違ってしまいます。

僕のようにもともと血糖値がかなり高い人は、コーヒーを控えたほうがいいでしょう。カフェインがアドレナリンなどの神経伝達物質を分泌させて、それが血糖値を乱高下させてしまうからです。血糖値が乱高下する傾向にある人は飲まないほうがいいでしょう。また、血糖値や内臓に問題のない人でも、寝る8時間前には、飲むのをやめましょう。コーヒーによる覚醒作用は、自覚できるのは1~2時間程度ですが、潜在的な作用は大体8時間ぐらいあるのです。

夕方にコーヒーを飲んでしまうと、夜、普通に眠れているように感じていても、実は潜在的にかなり活性化してしまっていて、眠りが浅くなっていることがあります。

こうした点に気をつけさえすれば、コーヒーは非常に役に立ちます。インスタントでなく、レギュラーコーヒーであれば、抗がん作用も高いです。

◆漢方薬

「抑肝散加陳皮半夏《ヨクカンサンカチンピハンゲ》」という漢方薬は、邪気がたまりやすい人には極めて有効です。気功家にも愛用者の多い漢方薬です。

この漢方薬はセロトニン・システムの働きを向上させてくれます。セロトニン・システムがしっかり機能すれば、思考や情緒が安定します。

肉体はあくまでもホログラフィーの投影ですが、肉体がホログラフィーをつくり出す原因になることもあるのです。神経伝達が安定し、それによって思考が安定すれば、ホログラフィーもそちらに合ってくるので、結果としてエネルギーも大きく変わっていくことになります。

もちろんセロトニン・システムだけで肉体や情緒のよしあしを決めることはできませんが、実は日本人は全体としてセロトニン・システムが極めて弱い状態にあります。

セロトニン・システムには、L型とS型があります。

L型はセロトニンをつくる力も受け取る力も強いので、ポジティブでアクティブになりやすい傾向があります。一方、S型は、極めて機能が弱く、神経質でウツっぽくなりやすい傾向があります。欧米人はL型のセロトニン・システムを持っている人が多いので楽観的ですが、日本人はS型が8割以上を占めています。

セロトニン不足の状態でいると、霊的にやられやすくなってしまいます。だから、今の日本はこれだけ豊かなのに、自殺する人が多いのかもしれません。

セロトニンには穏やかに興奮させるという不思議な作用があるのですが、「抑肝散加陳皮半夏」を飲めば、気持ちがどっしりと落ちついて、穏やかに高揚するようになるでしょう。

◆さざれ水晶

さざれ水晶とは、水晶を細かく砕いたものです。これを足湯のようにバケツにたくさんしきつめて、足で踏みしめると、エネルギーをかなり吸着してくれます。

これはなかなか有効な方法です。何回かやっていると、さざれ水晶がダメになるので、流水や塩、太陽光などで浄化しましょう。

◆**エネルギーセラミック**

イヤシロチグッズとして、エネルギーセラミックがいろいろ販売されています。こういったグッズを利用するのもいいでしょう。

◆**エネルギーマーク**

五芒星、六芒星はその典型です。宗教や神秘的な儀式の際には、独特のマークが使われてきました。

五芒星

六芒星

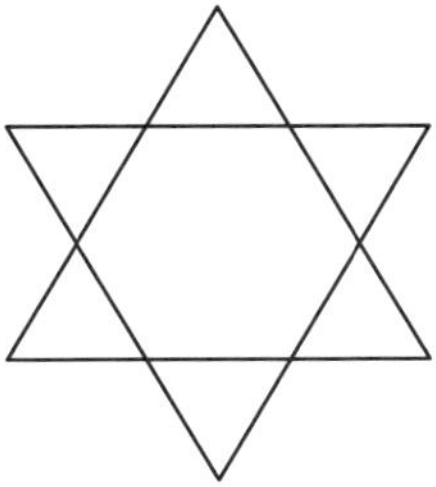

◆トゥルシー

ハーブティーの一種です。気が十分に活性化している人は、トゥルシーを飲むと気が上がり過ぎてしまうことがあります。そうでなければ有効です。

◆エネルギー水

波動を転写した水、回帰水、蘇生水、創生水、ハーモニーウォーター、パイウォーターなど、いろいろあります。

水を見分ける一番簡単な方法は、使用済みの電池をビニール袋に密閉して濡れないようにし、それをエネルギー水に入れて一晩置くことです。本当にエネルギーがある水だったら、その電池はある程度復活します。

Oリングでは、ちょっとでもいいものなら反応が出てしまうので、どこまでよいのかわかりません。その点、電池だったら結構なエネルギーがないとわからないから、検査方法としては有効です。

また、酸化還元電位が低い（抗酸化力が高い）かどうかを調べるには、クリップを買ってきて、３日間エネルギー水につけておきます。還元電位が本当に低ければ、３日間は錆びません。

◆竹布

竹の繊維でできた布です。気の流れをスムーズにする効果が多少あります。

◆麻

麻の繊維は、古くから布地として用いられてきました。こちらも竹布同様、身につけることで気の流れが整います。また、麻はさまざまな宗教儀式に使われてきた素材です。最近では、麻の種がパワーフードとして注目を集めています。高タンパクでオメガ３脂肪酸を豊富に含んでいます。

◆パーソナルカラーに合った服や下着

ご自分のパーソナルカラーを知っていますか？

好きな色と似合う色は違います。

パーソナルカラーに相反するものを、身につけている人が多いです。それによって、気の流れはかなり変わります。

パーソナルカラーに合った服や下着を身につけることによって、エネルギーが活性化されることが期待できます。

◆温熱療法

三井温熱療法とか、琉球温熱療法とか、イトオテルミーとか、いろいろな温熱療法があります。これらも、エネルギー対策として有効です。

◆ホルミシス療法

微弱な放射線を浴びて少しだけ細胞を傷つけることで、その細胞を活性化させるのがホルミシス療法です。これはかなり有効で、細胞が活性化するだけでなく、邪気もかなりとることができます。

ラジウム温泉やラドン温泉で知られるように、微量な放射線は体にいいのです。

おわりに――自分の生命力を高めよう

令和以降の、人類史上最大の波動上昇に備えるためのエネルギー対策について、長々と説明してきました。

エネルギーについて解説した書籍はすでに数多くありますが、そのほとんどはエネルギー感度を上げてエネルギーを取り入れる方法や、エネルギーを使ったヒーリングの方法ばかりにページが割かれ、邪気を受けないようにする方法や、邪気を排出する方法に関しては、申し訳程度に記載されているにすぎません。なかには、そのことに全く触れていない本もたくさんあります。

霊的エネルギーは、目に見えないものであるからこそ慎重に扱う必要があります。

面白半分で扱うものでもありませんし、「なんだかかっこいいから」といった安易な気持ちで扱うと、大変な目に遭ってしまいます。

僕は令和に入り、エネルギーセッションを再開しました。Holistic brain method という名称で、エネルギーによる能力開発や施術、ヒーラー、カウンセラーへの指導を行っています。

ヒーラーやカウンセラーから寄せられる相談の多くは、エネルギー対策の不備によるものです。エネルギーを扱うということの恐ろしさを、プロになってから初めて知ったという人がほとんどであることに、正直、驚いています。

プロである彼ら彼女らですら、エネルギー対策が不十分なのですから、一般の方にいたっては、かなり無防備であることと思います。冥界、幽界からのエネルギーが充満している今、エネルギー対策なしに心身の健康を保つことは難しいでしょう。

本書で紹介している対策を行えば、健康次元が上がり、生産性が上がり、霊的な能力が活性化します。霊的に敏感な人だけでなく、全ての人の人生が好転することでしょう。なぜなら、霊的な能力が上がれば、当然、高次領域からの波動情報、ホログラフィー情報を大量に入力することができるからです。

さらに言えば、自分がワクワクすること、もしくは才能としての強みといったものは魂に刻まれたコードなのですが、それは魂の中でもアストラル体やメンタル、コーザル体といった高い次元に刻まれています。

霊的能力が上がれば、そこからのエネルギー情報がより濃厚になるので、そこに刻まれているコードがわかりやすくなるのです。そのときは恐怖心のロックがやわらいで動きやすくなっているし、同時に波動情報、ホログラフィー情報が投影されているので、自動的に受け取れる自分ができています。

その結果、才能を発揮しながら、ワクワクすることを存分にやっていける状態になっていきます。それがよくみなさんが言うところの「使命」であって、かつ人生を幸せに生きる大きな要素ではないかと思います。

これを容易に達成するためには、地球と同調して高次波動を受け取れる自分になることです。そのための方法（地球との合一、自分を許し感謝する）についても本書では述べているので、トライしてみてください。

あと50年もすれば、世界はバラ色に変わっていくと思います。

とくにこの20～30年で明らかに世界はよい方向に向かっていくでしょう。地球全体がすさまじく科学技術を発達させ、犯罪や不正が大幅に減り、かつ「霊的な理解があって当然」というマインドセットになっていくでしょう。

これからは超物質と超非物質が混在する不可思議な時代になります。

イメージとしてはアトランティスやレムリアなどの超古代文明がより洗練され、スマートになったような世界が訪れるでしょう。そして地球は最短で１００年、通常で２００年ぐらいかけて次元上昇していきます。

大変化を迎えつつある地球で生きる私たちですが、まずは、現実を生きる土台となる自分の生命力を高めましょう。

それが世界に貢献する第一歩であり、地球のためにもなるのです。

一人でも多くの人がエネルギー対策をしっかり行い、地球のさらなる進化を促してくれることを、僕は心より願っています。

最後に、どうしてもお伝えしたいことがあります。「思考多様性として輪廻転生への理解を疑おう」ということです。

一つの高次元空間に無限といっていいほどの膜としての宇宙が浮かんでいる、という理解は間違いないようです。それがパラレルワールドです。

そこには、全く異なった生命体や宇宙構造を成している場合もありますが、この宇宙や地球と酷似、もしくは微妙に異なった世界も展開されています。

地球でとらえれば、独立戦争に勝ったイギリス、大東亜戦争に勝った日本、開放的な日本人、ワビサビにたけたアメリカ人、といったこの地球とは違う歴史、気質、現状などが展開された世界もあります。

それは、宇宙ごとに異なるので、「1億枚の膜宇宙」が存在すれば、1億の一致しない世界が運営されています。

では、それらの宇宙は全くの非干渉地帯のような様相を呈しているのかと言えば、そうではありません。

重力を伝えるグラビトンは、1つの膜世界に留まることができず、常に他の宇宙と行き来しているため、フォログラフィーを作り出す情報、もしくは電波のような役目を果たしている可能性もあります。

理論上では、グラビトンを活用すれば異次元もしくは他の膜宇宙に住む知的生命体とのやり取りは可能であることからも、それほどまでに奇異な発想ではありません。

以上を踏まえると、自身の前世と確信している記憶は、他の膜宇宙から到達したグラビトン情報をエネルギー体が感知し、自身の過去世記憶と認識しているだけに過ぎないのかもしれないのです。

もちろん、全てがそうである、というわけでありませんが、膨大な過去生記憶の中にパラレルワールドとしての情報が紛れていることは否定できません。

この理解を欠落させた、また、前世療法や過去世記憶の探求に明け暮れることは、場合によっては徒労になることを頭の片隅に置いておいたほうがいいでしょう。

では、明らかに現在の自分に影響を及ぼしている過去世トラウマなども放置したほうがいいのか、というと、そうではありません。

実体であろうと否と、適切な根治としての対処法は存在します。

メタ認知の開発です。

次回作においては、前世、パラレルワールド、トラウマ、メタ認知の関係と、癒える効果的な扱い方についてお話ししたいと思っています。

吉濱ツトム

2019年5月吉日

吉濱ツトム（よしはま　つとむ）

発達障がいカウンセラー、経営・投資アドバイザー、経済評論家と共にスピリチュアルヒーラーの側面を持つ。

先端科学、陰陽道、プレアデス情報を融合させることで独特の能力と理論を構築し、新規ヒーリング、リーディングの予約は7か月待ちとなるなど評判を博している。

現在は、学園都市や家電企業の技術顧問、米国研究所における科学実験への協力、経済記者、投資家、NPO、防衛関係、役所においてアドバイザーを務める。

チャネリング情報は、「誰にでも当てはまるような抽象的な本質論であってはいけない、現実に役立ち証明されてこそ本物である」という価値観の元、スピリチュアルヒーラーやティーチャーへの能力開発指導を行なっている。

ブログ上における地震予知を初めとした未来予言は、99%の的中率を誇る。


主な著書に『隠れ発達障害という才能を活かす逆転の成功法則』（徳間書店）、『誰も知らなかった《逆説の経済教室》』『地球の兄弟星〈プレアデス〉からの未来予知』（ともにヒカルランド）、『アスペルガーとして楽しく生きる』（風雲舎）、『隠れアスペルガーという才能』（ベストセラーズ）などがある。

吉濱ツトム公式サイト
http://yoshihama-tsutomu.com/

人類史上最大の波動上昇が訪れた!

第1刷　2019年6月30日

著　者　吉濱ツトム
発行者　平野健一
発行所　株式会社徳間書店
〒141-8202　東京都品川区上大崎3-1-1
目黒セントラルスクエア
電　話　編集(03)5403-4344／販売(049)293-5521
振　替　00140-0-44392
本文印刷　本郷印刷(株)
カバー印刷　真生印刷(株)
製本所　(株)宮本製本所

ISBN978-4-19-864870-1